The Hippolytus of Euripides, with Critical and Explanatory Notes, by F.a.S. Freeland

Euripides

THE

HIPPOLYTUS

OF EURIPIDES.

THE

HIPPOLYTUS

OF

EURIPIDES,

WITH

CRITICAL AND EXPLANATORY NOTES,

BY

F. A. STILWELL FREELAND, B.A.,

Scholar and Exhibitioner of Magdalene College, Cambridge.

CAMBRIDGE:

H. W. WALLIS, SIDNEY STREET.

1876.

PREFACE.

THE selection of "the Hippolytus" for the Previous Examination of 1877 induced me to revise and increase, under great pressure from other work, notes which I had already prepared with a somewhat different purpose.

Remembering the evil fortune that in my school days befell those who were ignorant of certain first principles of the Greek language, I endeavoured to collect such information as might enable any, who so desired, by the aid of Madvig's Greek Syntax and a careful comparison of the REFERENCES in the Notes, to hold themselves tolerably free from 'unpardonable' mistakes. In short, I hoped to assist PRIVATE WORK in 'the studies.' If labours, which were heavy to me, be thus lightened for others, I shall be content.

My best thanks are due to Dr. KENNEDY, Regius Professor of Greek, and late Head Master of Shrewsbury, for much kindness and encouragement in this, as in all my work; I have also to acknowledge the assistance rendered me by Mr. W. ENGLISH, of St. John's, and Mr. A. H. SMITH, of Sidney, in the revision of the notes and translation.

CAMBRIDGE, *July*, 1876.

INTRODUCTION.

EURIPIDES was born at Salamis, B.C. 480, on the day on which the fleet of Xerxes was defeated by the Greeks, which thus serves as a point of connexion for the greatest Tragic poets of Greece; for Æschylus was one of the victors on the occasion, and the young Sophocles danced at the triumph. Euripides was originally intended by his father for an athlete, but he turned his attention to painting, then studied rhetoric under Prodicus, and philosophy under Anaxagoras. To this early education we may ascribe many of the rhetorical and philosophical passages found in his works.

From Athens he retired to Magnesia, and afterwards took up his residence in Macedonia, where he lived for some time at the Court of Archelaus, and where he found a grave. Archelaus erected a monument with the epitaph "Thy memory, Oh Euripides, will never perish." The Athenians wrote—

"All Greece is the monument of Euripides,
The Macedonian earth covers only his bones."

Of the plays that have come down to us, the Hippolytus is one of the finest and most carefully finished. The poet seems to have aimed at portraying the workings of a woman's heart, when irresistibly and in her own despite drawn astray by the machinations of a malignant deity. Aphrodite is incensed at the preference shewn by the chaste Hippolytus for Artemis. To compass her revenge, she inspires Phædra with a fatal passion for her step son; this the Queen endeavours by every means in her power to overcome. She buries her love in her own bosom (393), but in vain; she then tries to suppress it by the exercise of "self-control" (398), with a result equally fruitless.

At this point her nurse, a worldly minded though affectionate servant, who had wormed her mistress' secret from her (352), ruins everything, by telling Hippolytus with the hope that he may return her love. Hippolytus rejects the invitation with scorn, and though bound to secrecy, seems strongly inclined to disclose the matter to Theseus, declaring that his promise was obtained *unfairly* (612). He launches out into bitter invective against women in general (614—666), but is prevailed on to await passively the return of Theseus. Phædra, in despair of preserving her fair fame, determines to die, and hangs herself. The king on his return finds his wife dead, and a letter in her hand inculpating Hippolytus. Carried away by a passion of grief and rage, he invokes against his son one of the three curses or wishes promised him by Poseidon, and banishes him from the land. The god sends a bull from the sea, which frightens the horses of Hippolytus. The chariot is upset and Hippolytus seriously hurt. Artemis (1285) now reveals to Theseus the true state of the case. The king is stricken with remorse, but is told by the goddess that his sin, though grievous, is not hopeless, inasmuch as Cupris willed that such should be (1325). Hippolytus is now brought in in a dying state, but the father and son are reconciled, and the former absolved from blood-guiltiness (1449) by his son's forgiveness.

Phædra throughout is represented as of good intentions, but impelled to her ruin by the wiles of Cupris, one cannot but sympathise with her. The "chaste Hippolytus," on the other hand, is so fully aware of his own virtues, and so eager to speak of them, that he inspires a modern reader with something very like disgust.

ΙΠΠΟΛΥΤΟΣ ΣΤΕΦΑΝΗΦΟΡΟΣ.

ΙΠΠΟΛΥΤΟΥ ΥΠΟΘΕΣΙΣ.

Θησεὺς μὲν ἦν Αἴθρας καὶ Ποσειδῶνος, βασιλεὺς δὲ Ἀθηναίων· γήμας δὲ μίαν τῶν Ἀμαζονίδων Ἱππολύτην, Ἱππόλυτον ἐγέννησε κάλλει τε καὶ σωφροσύνῃ διαφέροντα. ἐπεὶ δὲ ἡ συνοικοῦσα τὸν βίον μετήλλαξεν, ἐπεισηγάγετο Κρητικὴν γυναῖκα, τὴν Μίνω τοῦ Κρητῶν βασιλέως θυγατέρα Φαίδραν. ὁ δὲ Θησεὺς Πάλλαντα ἕνα τῶν συγγενῶν φονεύσας φεύγει εἰς Τροιζῆνα μετὰ τῆς γυναικός, οὗ συνέβαινε τὸν Ἱππόλυτον παρὰ Πιτθεῖ τρέφεσθαι· θεασαμένη δὲ τὸν νεανίσκον ἡ Φαίδρα εἰς ἐπιθυμίαν ὤλισθεν, οὐκ ἀκόλαστος οὖσα, πληροῦσα δὲ Ἀφροδίτης μῆνιν, ἣ τὸν Ἱππόλυτον διὰ σωφροσύνην ἀνελεῖν κρίνασα, τέλος τοῖς προτεθεῖσιν ἔθηκε. στέγουσα δὲ τὴν νόσον χρόνῳ πρὸς τὴν τροφὸν δηλῶσαι ἠναγκάσθη, κατεπαγγειλαμένην αὐτῇ βοηθήσειν· ἥτις κατὰ τὴν προαίρεσιν λόγους προσήνεγκε τῷ νεανίσκῳ. τραχυνόμενον δὲ αὐτὸν ἡ Φαίδρα καταμαθοῦσα τῇ μὲν τροφῷ ἐπέπληξεν, αὑτὴν δὲ ἀνήρτησε. καθ' ὃν καιρὸν φανεὶς Θησεὺς καὶ καθελεῖν σπεύδων τὴν ἀπηγχονισμένην, εὗρεν αὐτῇ προσηρτημένην δέλτον, δι' ἧς Ἱππολύτου φθορὰν κατηγόρει καὶ ἐπιβουλήν. πιστεύσας δὲ τοῖς γεγραμμένοις τὸν μὲν Ἱππόλυτον ἐπέταξε φεύγειν, αὐτὸς δὲ τῷ Ποσειδῶνι ἀρὰς ἔθετο, ὧν ἐπακούσας ὁ θεὸς τὸν Ἱππόλυτον διέφθειρεν. Ἄρτεμις δὲ τῶν γεγενημένων ἕκαστον διασαφήσασα Θησεῖ, τὴν μὲν Φαίδραν οὐ κατεμέμψατο, τοῦτον δὲ παρεμυθήσατο υἱοῦ καὶ γυναικὸς στερηθέντα· τῷ δὲ Ἱππολύτῳ τιμὰς ἔφη γῆς ἐγκαταστήσεσθαι.

Ἡ σκηνὴ τοῦ δράματος ἐν Τροιζῆνι κεῖτα .ἐδιδάχθη ἐπὶ Ἐπαμείνονος ἄρχοντος ὀλυμπιάδι πζʹ ἔτει δʹ. πρῶτος Εὐριπίδης, δεύτερος Ἰοφῶν, τρίτος Ἴων. ἔστι δὲ οὗτος Ἱππόλυτος δεύτερος, καὶ ΣΤΕΦΑΝΙΑΣ προσαγορευόμενος. ἐμφαίνεται δὲ ὕστερος γεγραμμένος· τὸ γὰρ ἀπρεπὲς καὶ κατηγορίας ἄξιον ἐν τούτῳ διώρθωται τῷ δράματι. τὸ δὲ δρᾶμα τῶν πρώτων.

ΤΑ ΤΟΥ ΔΡΑΜΑΤΟΣ ΠΡΟΣΩΠΑ.

ΑΦΡΟΔΙΤΗ.
ΙΠΠΟΛΥΤΟΣ.
ΘΕΡΑΠΟΝΤΕΣ.
ΧΟΡΟΣ ΤΡΟΙΖΗΝΙΩΝ ΓΥΝΑΙΚΩΝ.
ΤΡΟΦΟΣ.
ΦΑΙΔΡΑ.
ΕΞΑΓΓΕΛΟΣ.
ΘΗΣΕΥΣ.
ΑΓΓΕΛΟΣ.
ΑΡΤΕΜΙΣ.

ΕΥΡΙΠΙΔΟΥ

ΙΠΠΟΛΥΤΟΣ ΣΤΕΦΑΝΗΦΟΡΟΣ.

ΑΦ. Πολλὴ μὲν ἐν βροτοῖσι κοὐκ ἀνώνυμος
θεὰ κέκλημαι Κύπρις· οὐρανοῦ τ' ἔσω
ὅσοι τε πόντου τερμόνων τ' Ἀτλαντικῶν
ναίουσιν εἴσω φῶς ὁρῶντες ἡλίου,
τοὺς μὲν σέβοντας τἀμὰ πρεσβεύω κράτη,
σφάλλω δ' ὅσοι φρονοῦσιν εἰς ἡμᾶς μέγα.
ἔνεστι γὰρ δὴ κἀν θεῶν γένει τόδε,
τιμώμενοι χαίρουσιν ἀνθρώπων ὕπο.
δείξω δὲ μύθων τῶνδ' ἀλήθειαν τάχα·

1—57. Aphrodite speaks. She declares that Hippolytus must be punished for preferring Artemis to herself, and explains what the punishment will be.

1. *πολλὴ = μεγάλη*. cf. 443. *Κύρις γὰρ οὐ φορητὸν, ἣν πολλὴ ῥυῇ.*

2. *κέκλημαι*, &c. my name is Cupris: this use of *καλεῖν* not uncommon in Greek poets.

— *ἔσω*. here = *ἔνδον*: *ἔσω* generally expresses "motion."

3. *ὅσοι* catches up *βροτοῖσι* in line I. "*of all who dwell within heaven and who (dwell) within the Euxine and Atlantic, &c.*

πόντου. i.e. the Euxine: It almost always has this sense in Greek Classics.

τερμ. Ατλαντ. The pillars of Hercules. The sea lying between these two points was almost all that was known to Greek navigators.

5. *πρεσβεύω* = antiquiores habeo.

6. *φρονεῖν μέγα* = *to be haughty:* Madvig Greek Syntax, § 27 (229) says Verbs which in themselves cannot govern an object accusative, may take the neuter accusative of an adjective which serves to characterize the measure and extent of the action.

Cf. Dem. 37. 3. *Δεόμαι μέτρια καὶ δίκαια ὑμῶν.*
Xen. Œc. 24. *Κῦρος...ἄλλατ' ἐφιλοφρονεῖτο καὶ κ. τ. λ.*

7. *ἔνεστι.* "There is inherent in" *ἔξεστιν* = It is allowed, *i.e.*, there is no law to prevent it.

πάρεστιν = It is present to one, *i.e.*, there is an opportunity of doing.
ἔνεστιν = It is inherent in, *i.e.*, the nature of the case permits.

ὁ γάρ με Θησέως παῖς, Ἀμαζόνος τόκος
Ἱππόλυτος, ἁγνοῦ Πιτθέως παιδεύματα,
μόνος πολιτῶν τῆσδε γῆς Τροιζηνίας
λέγει κακίστην δαιμόνων πεφυκέναι,
ἀναίνεται δὲ λέκτρα κοὐ ψαύει γάμων·
Φοίβου δ' ἀδελφὴν Ἄρτεμιν Διὸς κόρην
τιμᾷ μεγίστην δαιμόνων ἡγούμενος·
χλωρὰν δ' ἀν' ὕλην παρθένῳ ξυνὼν ἀεὶ
κυσὶν ταχείαις θῆρας ἐξαιρεῖ χθονός,
μείζω βροτείας προσπεσὼν ὁμιλίας.
τούτοισι μέν νυν οὐ φθονῶ· τί γάρ με δεῖ;
ἃ δ' εἰς ἔμ' ἡμάρτηκε, τιμωρήσομαι
Ἱππόλυτον ἐν τῇδ' ἡμέρᾳ· τὰ πολλὰ δὲ
πάλαι προκόψασ', οὐ πόνου πολλοῦ με δεῖ.
ἐλθόντα γάρ νιν Πιτθέως ποτ' ἐκ δόμων
σεμνῶν ἐς ὄψιν καὶ τέλη μυστηρίων
Πανδίονος γῆν πατρὸς εὐγενὴς δάμαρ

10. *με* is out of place: it is governed by *λέγει*: Its juxtaposition to *Θήσεως παῖς* is for the sake of antithesis, to make emphasis.

11. *παιδεύματα Πιτθέως.* Pittheus, king of Trœzene, celebrated for his learning—he educated Hippolytus—and was Grandfather of Theseus.

17. *ξυνὼν ἀεὶ*: ever with her (Artemis) but she was perfectly invisible all the time; cf. line 86. *ὄμμαδ' οὐχ ὁρῶν τὸ σόν:* The *ἀεὶ* is not mere padding to fill the line; Aphrodite's grievance is that Hippolytus spends *all* his time with Artemis to the neglect of herself.

19. *προσπεσὼν.* "having fallen upon greater than, &c." This use of *προσπεσὼν* is rare and curious.

23. *προκόψασα:* The construction is broken: *δεῖ* would be right if we had *προκόψασαν*, as it is we should expect *δέομαι.*

προκόπτειν = "to forward a work;" metaph. from preparing a road by cutting down trees and obstacles in the way, cf. Latin decido = settle a dispute in the shortest way.

24. *γὰρ.* not to be translated. It is here used (as frequently) to introduce a narrative.

25. *μυστηρ.* The rites of the dread Goddesses, *αἱ Σεμναί.* The Greeks, through fear of speaking an ill-omened word called them *αἱ Εὐμενίδαι.*

cf. *Soph. O.C.* 90: Hippolytus' answer infra 100, shews that he understood the *σεμνὴν δαίμονα* of 99 in this sense; whereas Cupris was meant.

ἰδοῦσα Φαίδρα καρδίαν κατέσχετο
ἔρωτι δεινῷ τοῖς ἐμοῖς βουλεύμασι.
καὶ πρὶν μὲν ἐλθεῖν τήνδε γῆν Τροιζηνίαν,
πέτραν παρ' αὐτὴν Παλλάδος κατόψιον
γῆς τῆσδε ναὸν Κύπριδος ἐγκαθείσατο,
ἐρῶσ' ἔρωτ' ἔκδημον· Ἱππολύτῳ δ' ἔπι
τὸ λοιπὸν ὠνόμαζεν ἱδρύσθαι θεάν.
ἐπεὶ δὲ Θησεὺς Κεκροπίαν λείπει χθόνα,
μίασμα φεύγων αἵματος Παλλαντιδῶν,
καὶ τήνδε σὺν δάμαρτι ναυστολεῖ χθόνα,
ἐνιαυσίαν ἔκδημον αἰνέσας φυγήν,
ἐνταῦθα δὴ στένουσα κἀκπεπληγμένη
κέντροις ἔρωτος ἡ τάλαιν' ἀπόλλυται
σιγῇ· σύνοιδε δ' οὔτις οἰκετῶν νόσον.
ἀλλ' οὔτι ταύτῃ τόνδ' ἔρωτα δεῖ πεσεῖν·
δείξω δὲ Θησεῖ πρᾶγμα, κἀκφανήσεται.

27. *καρδ. κατεσχετο.* notice the use of the middle: "had her heart seized with love." English idiom, "her heart was inspired with love."

30. *ἐγκαθείσατο παρ' αὐτὴν.* Pregnant use of preposition; "founded it up to the very rock," *i.e.* brought the material to the rock and founded the shrine there.

— *κατόψιον γῆς*, "looking down upon." cf. Æsch. *Agam.* 290.

— *πέτρα παλλάδος.* The Acropolis at Athens.

32. *ἔκδημον.* Being filled with love of one in a foreign land: (var. lect. *ἔκδηλον* = love for one removed from sight. Monk admits *ἔκδημον* into his text, but thinks both this and the next line are spurious. I have taken *ἔκδημον*.

— *Ἱππολύτῳ δ' ἔπι.* To conciliate Hippolytus' love, lit. with a view to Hippolytus.

33. *τὸ λοιπὸν.* Used in affirmative sentences, and refers to duration of time. *τοῦ λοιπõυ* = in negative sentences, to a single point of time.

35. *φεύγων.* In exile opp. to *διώκων.* Theseus had slain the Pallantidæ for an attack on his sovereignty at Athens.

37 *εν. φύγὴν αἰνέσας.* Having thought it prudent to go abroad for a year. For this use of *ἀινεῖν* and *ἐπαινεῖν* = to think advisable, cf. Eur. *Alcest.* 2.

41. *πεσεῖν.* To fall vainly, *i.e.* unheeded.

καὶ τὸν μὲν ἡμῖν πολέμιον πεφυκότα
κτενεῖ πατὴρ ἀραῖσιν, ἃς ὁ πόντιος
ἄναξ Ποσειδῶν ὤπασεν Θησεῖ γέρας,
μηδὲν μάταιον εἰς τρὶς εὔξασθαι θεῷ.
ἡ δ' εὐκλεὴς μέν, ἀλλ' ὅμως ἀπόλλυται,
Φαίδρα· τὸ γὰρ τῆσδ' οὐ προτιμήσω κακὸν
τὸ μὴ οὐ παρασχεῖν τοὺς ἐμοὺς ἐχθροὺς ἐμοὶ
δίκην τοσαύτην ὥστ' ἐμοὶ καλῶς ἔχειν.
ἀλλ' εἰσορῶ γὰρ τόνδε παῖδα Θησέως
στείγοντα θήρας μόχθον ἐκλελοιπότα,
Ἱππόλυτον, ἔξω τῶνδε βήσομαι τόπων.
πολὺς δ' ἅμ' αὐτῷ προσπόλων ὀπισθόπους
κῶμος λέλακεν Ἄρτεμιν τιμῶν θεὰν
ὕμνοισιν· οὐ γὰρ οἶδ' ἀνεῳγμένας πύλας
Ἅιδου, φάος δὲ λοίσθιον βλέπων τόδε.

57—87. Hippolytus approaches with attendants: they sing a short ode to Artemis, and Hippolytus offers her a chaplet.

43. *πεφυκότα.* The man who is in his very nature our enemy. Nauck reads *νεανίαν.*

46. *μηδὲν ἐς τρὶς εὐξ. ματ.* That up to the third wish nothing should be asked in vain.

cf. Soph. *Fr.* 678. 13. *τιν' οὐ παλαίουσ' ἐς τρὶς ἐκβάλλοι θεῶν;*

47. *ἀπολλυται.* Notice the present tense: is on the point of dying, almost = *ὀλεῖται.* for *μὲν...ἀλλ' ὅμως,* cf. *Bacchæ* 1026. *ὥς σε στενάξω, δοῦλος ὢν μὲν ἀλλ' ὅμως.*

48. *μὴ οὐ* with the Infinitive follows verbs of preventing, denying, hesitating, distrusting, but under the same limitation as the Latin "Quin," namely, that a negative must be joined with the principal verb. (N.B.—The negative may take the form of an interrogative.)

cf. Plat. *Gorg.* § 509. *οὐδεὶς οἷος τ' ἐστὶν ἄλλως λέγων μὴ οὐ καταγέλαστος εἶναι.*

Compare Æsch. *P. V.* 465. Soph. *Ajax* 540. and Plat. *Gorg.* p. 461 C.

51. *ἀλλ'..γάρ.* *ἀλλὰ* goes with *βήσομαι.* *εἰσορῶ γὰρ* is a kind of parenthesis, and gives the reason for *βήσομαι:*

57. *λοίσθιον.* Prædicative, looking on this day last. *οὐ γὰρ οἶδ':* Had they known of his approaching death they would not have sung *ὕμνοι* (joyful songs).

ΙΠ. ἕπεσθ' ᾄδοντες ἕπεσθε
τὰν Διὸς οὐρανίαν
Ἄρτεμιν, ᾇ μελόμεσθα.
ΘΕ. πότνια πότνια σεμνοτάτα,
Ζανὸς γένεθλον,
χαῖρε χαῖρέ μοι, ὦ κόρα
Λατοῦς Ἄρτεμι καὶ Διός,
καλλίστα πολὺ παρθένων,
ἃ μέγαν κατ' οὐρανὸν
ναίεις εὐπατέρειαν αὐλάν,
Ζανὸς πολύχρυσον οἶκον.
χαῖρέ μοι, ὦ καλλίστα
καλλίστα τῶν κατ' Ὄλυμπον
παρθένων, Ἄρτεμι.
ΙΠ. σοὶ τόνδε πλεκτὸν στέφανον ἐξ ἀκηράτου
λειμῶνος, ὦ δέσποινα, κοσμήσας φέρω,
ἔνθ' οὔτε ποιμὴν ἀξιοῖ φέρβειν βοτὰ
οὔτ' ἦλθέ πω σίδηρος, ἀλλ' ἀκήρατον
μέλισσα λειμῶν' ἐαρινὸν διέρχεται·
Αἰδὼς δὲ ποταμίαισι κηπεύει δρόσοις,
ὅσοις διδακτὸν μηδέν, ἀλλ' ἐν τῇ φύσει
τὸ σωφρονεῖν εἴληχεν εἰς τὰ πάνθ' ὁμῶς,
τούτοις δρέπεσθαι· τοῖς κακοῖσι δ' οὐ θέμις.
ἀλλ' ὦ φίλη δέσποινα, χρυσέας κόμης

59. τὰν Διός. Understand κόρην.

68. εὐπατέρειαν. This epithet is applied to Helen by Homer. It occurs nowhere else in Euripides.

79. ὅσοις διδακτὸν μηδέν. cf. Shakespeare, *Cymbeline* iv. 2.

'Tis wonder
That an invisible instinct should frame them
To Royalty unlearned, honour untaught,
Civility, not seen from other men.

— A various reading is ὅστις διδακτον, which Monk adopts, saying that εἰληχεν = contigit in a neuter sense is unusual. But it occurs in Eur. *Helen.* 214, intransitively at any rate. Monk says that the M.SS. and old editions read ὅσοις.

ἀνάδημα δέξαι χειρὸς εὐσεβοῦς ἄπο.
μόνῳ γάρ ἐστι τοῦτ' ἐμοὶ γέρας βροτῶν·
σοὶ καὶ ξύνειμι καὶ λόγοις σ' ἀμείβομαι,
κλύων μὲν αὐδήν, ὄμμα δ' οὐχ ὁρῶν τὸ σόν.
τέλος δὲ κάμψαιμ' ὥσπερ ἠρξάμην βίου.
ΘΕ. ἄναξ, θεοὺς γάρ δεσπότας καλεῖν χρεών,
ἆρ' ἄν τί μου δέξαιο βουλεύσαντος εὖ;
ΙΠ. καὶ κάρτα γ'· ἦ γὰρ οὐ σοφοὶ φαινοίμεθ' ἄν.
ΘΕ. οἶσθ' οὖν βροτοῖσιν ὃς καθέστηκεν νόμος,
ΙΠ. οὐκ οἶδα· τοῦ δὲ καί μ' ἀνιστορεῖς πέρι;
ΘΕ. μισεῖν τὸ σεμνὸν καὶ τὸ μὴ πᾶσιν φίλον;
ΙΠ. ὀρθῶς γε· τίς δ' οὐ σεμνὸς ἀχθεινὸς βροτῶν;
ΘΕ. ἐν δ' εὐπροσηγόροισιν ἔστι τις χάρις;
ΙΠ. πλείστη γε, καὶ κέρδος γε σὺν μόχθῳ βραχεῖ.
ΘΕ. ἦ κἀν θεοῖσι ταὐτὸν ἐλπίζεις τόδε;
ΙΠ. εἴπερ γε θνητοὶ θεῶν νόμοισι χρώμεθα.
ΘΕ. πῶς οὖν σὺ σεμνὴν δαίμον' οὐ προσεννέπεις;
ΙΠ. τίν'; εὐλαβοῦ δὲ μή τι σοῦ σφαλῇ στόμα.

From 88—120 there is a dialogue between Hippolytus and attendants.

86. Compare 17 supra and 1391 infra.

87. Compare Soph. *O.C.* 91, and Eur. *Elect.* 956, for the metaphor; such phrases as these should be carefully noted by a school-boy for future use in Greek verse.

90. Understand εἰ μὴ δεξαίμεθα from line 89.

93. τὸ σεμνὸν here = haughtiness. It has almost the same force as the Latin Improbus = unconscionable.

Compare Eur. *Medea* 215. The attendants wish to shew that as this kind of τὸ σεμνὸν is disagreeable to men, so it is with the Gods (line 97).

94. ἀχθεινός = βάρυς = odiosus, a bore.

98. εἴπεργε..χρώμεθα. Yes, if, &c. Here γε answers yes with emphasis to the question in line 97. γε can be introduced with effect in composition. The student may refer to Madvig's Greek Syntax for its use, but his best guide will be his own observation.

99. σεμνὴν δαίμονα. Here σεμνὴν is a 'double entendre,' the attendant applies the epithet in its ordinary sense of 'revered,' 'great.' Whereas Hippolytus thinks that she uses it in its technical meaning of one of the Eumenidæ (*dread* Goddess).

ΘΕ. τήνδ' ἣ πύλαισι σαῖς ἐφέστηκεν Κύπρις.
ΙΠ. πρόσωθεν αὐτὴν ἁγνὸς ὢν ἀσπάζομαι.
ΘΕ. σεμνή γε μέντοι κἀπίσημος ἐν βροτοῖς.
ΙΠ. ἄλλοισιν ἄλλος θεῶν τε κἀνθρώπων μέλει.
ΘΕ. εὐδαιμονοίης νοῦν ἔχων ὅσον σε δεῖ.
ΙΠ. οὐδείς μ' ἀρέσκει νυκτὶ θαυμαστὸς θεῶν.
ΘΕ. τιμαῖσιν, ὦ παῖ, δαιμόνων χρῆσθαι χρεών.
ΙΠ. χωρεῖτ', ὀπαδοί, καὶ παρελθόντες δόμους
σίτων μέλεσθε· τερπνὸν ἐκ κυναγίας
τράπεζα πλήρης· καὶ καταψήχειν χρεὼν
ἵππους, ὅπως ἂν ἅρμασι ζεύξας ὕπο
βορᾶς κορεσθεὶς γυμνάσω τὰ πρόσφορα·
τὴν σὴν δὲ Κύπριν πόλλ' ἐγὼ χαίρειν λέγω.
ΘΕ. ἡμεῖς δέ, τοὺς νέους γὰρ οὐ μιμητέον,
φρονοῦντες οὕτως ὡς πρέπει δούλοις λέγειν,
προσευξόμεσθα τοῖσι σοῖς ἀγάλμασι,
δέσποινα Κύπρι. χρὴ δὲ συγγνώμην ἔχειν,
εἴ τίς σ' ὑφ' ἥβης σπλάγχνον ἔντονον φέρων
μάταια βάζει· μὴ δόκει τούτου κλύειν·
σοφωτέρους γὰρ χρὴ βροτῶν εἶναι θεούς.

101. Notice the emphatic positions at the ends of the line of the words **Κύπρις** and **τήνδε**. Translate, "The lady yonder who watches over your gates, Cupris that is." By **τήνδε** the attendant would seem to indicate with the finger some statue of Cupris over the gates.

102. **ἀσπάζομαι** : as used by Aristophanes was the new-fashioned salutation on meeting, **χαῖρε** the old form.

104. **ἄλλοισιν ἄλλος**. *Always* = one to one, another to another, when conjoined in this manner. Translate "some people respect some gods and men, others others, *i.e.* different people respect different, &c.

113. **πόλλα χαίρειν** (purposely ambiguous). It may mean "Good bye for good," or All hail! Hippolytus means the first.

119. **μὴ δόκει κλύειν**. Pretend not to hear. For this use of **μὴ δοκεῖν** = dissimulare. Compare Eur. *Med.* 67. **ἤκουσά του λέγοντος οὐ δοκῶν κλύειν**, also Aristoph. *Ranæ* 581 (Holden), *Pax* 998 (1051), Eur. *Alcest.* 957, *Hippolytus* 463.

120. **σοφωτέρους**. More clever. **σοφία** is an intellectual virtue. **σωφροσύνη** : a moral virtue, temperance in its widest sense—"discretion."

ΧΟ. Ὠκεανοῦ τις ὕδωρ στρ.
στάζουσα πέτρα λέγεται
βαπτὰν κάλπισι ῥυτὰν
παγὰν προϊεῖσα κρημνῶν,
ὅθι μοί τις ἦν φίλα,
πορφύρεα φάρεα
ποταμίᾳ δρόσῳ
τέγγουσα, θερμᾶς δ' ἐπὶ νῶτα πέτρας
εὐαλίου κατέβαλλ'· ὅθεν μοι
πρώτα φάτις ἦλθε δέσποιναν
τειρομέναν νοσερᾷ ἀντ.
κοίτᾳ δέμας ἐντὸς ἔχειν
οἴκων, λεπτὰ δὲ φάρη
ξανθὰν κεφαλὰν σκιάζειν.
τριτάταν δέ νιν κλύω
τάνδε κατ' ἀμβροσίου
στόματος ἁμέραν
Δάματρος ἀκτᾶς δέμας ἁγνὸν ἴσχειν,
κρυπτῷ πάθει θανάτου θέλουσαν
κέλσαι ποτὶ τέρμα δύστανον.
σὺ γὰρ ἔνθεος, ὦ κούρα, στρ.
εἴτ' ἐκ Πανὸς εἴθ' Ἑκάτας

121—175. The chorus of Trœzenian women come, saying they have heard a rumour that Phædra is ill.

138. ἀκτᾶς δέμας ἁγνὸν ἴσχειν: pure from bread of Demeter down her ambrosial throat, for ἁγνὸν with Gen. in this sense, cf. Plato *Legg.* 759 C. and infra 1003.

139. κρυπτῷ. Prædicative, it adds to the idea of death. Translate "With her woe undiscovered."

140. κέλσαι. Homer uses κέλλειν in sense of running a ship on shore, and the notion of reaching a haven pursues the word through all its metaphors.

142. ἐκ πανός. Pan, the inspirer of madness: cf. πανικὸς φόβος.

ἢ σεμνῶν Κορυβάντων
ἢ ματρὸς ὀρείας φοιτᾷς,
σὺδ' ἀμφὶ τὰν πολύθηρον
Δίκτυνναν ἀμπλακίαις
ἀνίερος ἀθύτων πελάνων τρύχει.
φοιτᾷ γὰρ καὶ διὰ λίμνας
χέρσον θ' ὑπὲρ πελάγους
δίναισιν νοτίας ἅλμας.
ἢ πόσιν τὸν Ἐρεχθειδᾶν ἀντ.
ἀρχαγὸν τὸν εὐπατρίδαν
ποιμαίνει τις ἐν οἴκοις
κρυπτὰ κοίτα λεχέων σῶν;
ἢ ναυβάτας τις ἔπλευσεν
Κρήτας ἔξορμος ἀνὴρ
λιμένα τὸν εὐξεινότατον ναύταις,
φάμαν πέμπων βασιλείᾳ,
λύπᾳ δ' ὑπὲρ παθέων
εὐναία δέδεται ψυχάν;
φιλεῖ δὲ τᾷ δυστρόπῳ γυναικῶν
ἁρμονίᾳ κακᾷ δύστανος
ἀμηχανία συνοικεῖν
ὠδίνων τε καὶ ἀφροσύνας.
δι' ἐμᾶς ᾖξέν ποτε νηδύος ἅδ' αὔρα

143. **Κορυβαντῶν**: These were the priests of Cybele or Rhea in Phrygia. *ματρ, ὀρ*: *Rhea.*

145. **σὺδ'**. Nauck's reading is *εἴτε*. I have taken Monk's.

146. *Δίκτυννα*. Artemis, goddess of the chace, from *δίκτυον*, a net.

148, 149. *καὶ διὰ λίμνας χέρσον θ' ὑπὲρ*. "*even* over the sea and beyond the land;" *not* "both......and." The Greeks to express 'both...and' used *τε...τε, τε...καί, καί...καί*, but *never καί...τε*.

153. *ποιμαίνειν*: like *βουκολεῖν*, to beguile, cf. Theocritus xi. 80. cf. Latin *pascere* and *lactare*.

— *ποιμ. τις, κρυπτὰ κοίτα*. Monk reads *κρυπτᾷ κοίτᾳ*, making *τις* alone the subject which is more after the Greek manner than the reading in the text.

159. *ὑπὲρ παθέων*. About her hap.

165. *ἀφροσύνη* and *μωρία* in Euripides usually mean lustfulness.

τὰν δ' εὔλοχον οὐρανίαν
τόξων μεδέουσαν ἀύτευν
Ἄρτεμιν, καί μοι πολυζήλωτος ἀεὶ
σὺν θεοῖσι φοιτᾷ.
ἀλλ' ἥδε τροφὸς γεραιὰ πρὸ θυρῶν
τήνδε κομίζουσ' ἔξω μελάθρων·
στυγνὸν δ' ὀφρύων νέφος αὐξάνεται.
τί ποτ' ἔστι μαθεῖν ἔραται ψυχά,
τί δεδήληται
δέμας ἀλλόχροον βασιλείας.

ΤΡ. ὦ κακὰ θνητῶν στυγεραί τε νόσοι.
τί σ' ἐγὼ δράσω; τί δὲ μὴ δράσω;
τόδε σοι φέγγος, λαμπρὸς ὅδ' αἰθήρ·
ἔξω δὲ δόμων ἤδη νοσερᾶς
δέμνια κοίτας.
δεῦρο γὰρ ἐλθεῖν πᾶν ἔπος ἦν σοι·
τάχα δ' εἰς θαλάμους σπεύσεις τὸ πάλιν.
ταχὺ γὰρ σφάλλει κοὐδενὶ χαίρεις,
οὐδέ σ' ἀρέσκει τὸ παρόν, τὸ δ' ἀπὸν
φίλτερον ἡγεῖ.
κρεῖσσον δὲ νοσεῖν ἢ θεραπεύειν·
τὸ μέν ἐστιν ἁπλοῦν, τῷ δὲ συνάπτει
λύπη τε φρενῶν χερσῖν τε πόνος.

175—266. Phædra and her nurse now come before us. The nurse scolds her mistress for not knowing her own mind, she moralizes and wishes she could bear to part with Phaedra. The queen raves now for one thing, now for another.

166. *ἀϋτέω*. In the Attic Poets only in the Present and Imperf. In Homer it is only used in 3rd sing. Imperf. cf. *Il*. xx. 50: xxi. 582.

172. *νέφος* = gloom of the face. Compare for this use *Medea* 107.

175. *ἀλλόχροον* is prædicative.

178. *τί..δράσω;* deliberative subjunctive, cf. 782 infra note.

184. *ταχὺ σφάλλει*. You are soon put out, *i.e.* (a thing is no sooner obtained than you despise it).

πᾶς δ' ὀδυνηρὸς βίος ἀνθρώπων,
κοὐκ ἔστι πόνων ἀνάπαυσις·
ἀλλ' ὅ τι τοῦ ζῆν φίλτερον ἄλλο
σκότος ἀμπίσχων κρύπτει νεφέλαις.
δυσέρωτες δὴ φαινόμεθ' ὄντες
τοῦδ' ὅ τι τοῦτο στίλβει κατὰ γῆν,
δι' ἀπειροσύνην ἄλλου βιότου
κοὐκ ἀπόδειξιν τῶν ὑπὸ γαίας·
μύθοις δ' ἄλλως φερόμεσθα.

ΦΑΙ. αἴρετέ μου δέμας, ὀρθοῦτε κάρα·
λέλυμαι μελέων σύνδεσμα, φίλαι.
λάβετ' εὐπήχεις χεῖρας, πρόπολοι.
βαρύ μοι κεφαλῆς ἐπίκρανον ἔχειν·
ἄφελ', ἀμπέτασον βόστρυχον ὤμοις.

ΤΡ. θάρσει, τέκνον, καὶ μὴ χαλεπῶς
μετάβαλλε δέμας.
ῥᾷον δὲ νόσον μετά θ' ἡσυχίας
καὶ γενναίου λήματος οἴσεις·
μοχθεῖν δὲ βροτοῖσιν ἀνάγκη.

194. δυσέρωτες τοῦδε. Fond of it to your ruin, cf. *Thucy*. vi. 13. δυσέρωτας εἶναι τῶν ἀπόντων, and the Latin '*perdite amantes*.'

196. οὐκ ἀπόδειξιν. This is one word in construction = κάλυψιν, cf. *Orest*. 942, οὐ σπάνις = abundantia.
Eur. *Bacchæ* 1288. ὡς ἐν οὐ καιρῷ πάρει.
Thucyd. { 8. 95. οὐ περιτείχισιν.
{ 5. 35. οὐκ ἀπόδοσιν.
also Thucyd. I. 137 : 7 : v. 50. 4.

198. ἄλλως. "To no purpose," vainly, cf. 1367 infra : It strictly means "in another way," then "in another way than is good," "so idly foolishly." Compare the use of ἕτερος = κακός.

— Matth. Gr. Gr. § 597, just reverses it, he says "ἄλλως" also means nothing but "nil nisi"; hence ἄλλως λέγειν, "do nothing but speak," "speak in vain," "idly."

— There is another use of ἄλλως, ὄχλος ἄλλως = "mere bother": for which the reader will do well to consult Mr. Shilleto's note to *Dem*. falsa. legat. § 27. also cf. *Theætet*. 176. D. ὅτι οὐ λῆροί εἰσι, γῆς ἄλλως ἄχθη (mere burdens of the earth.)

ΦΑΙ. αἰαῖ·
πῶς ἂν δροσερᾶς ἀπὸ κρηνῖδος
καθαρῶν ὑδάτων πῶμ' ἀρυσαίμην
ὑπό τ' αἰγείροις ἔν τε κομήτῃ
λειμῶνι κλιθεῖσ' ἀναπαυσαίμην.

ΤΡ. ὦ παῖ, τί θροεῖς;
οὐ μὴ παρ' ὄχλῳ τάδε γηρύσει
μανίας ἔποχον ῥίπτουσα λόγον;

ΦΑΙ. πέμπετέ μ' εἰς ὄρος· εἶμι πρὸς ὕλην
καὶ παρὰ πεύκας, ἵνα θηροφόνοι
στείβουσι κύνες
βαλιαῖς ἐλάφοις ἐγχριμπτόμεναι·
πρὸς θεῶν, ἔραμαι κυσὶ θωΰξαι
καὶ παρὰ χαίταν ξανθὴν ῥῖψαι
Θεσσαλὸν ὅρπακ', ἐπίλογχον ἔχουσ'
ἐν χειρὶ βέλος.

209. *πῶς ἂν* with Optative: The various ways of expressing a wish are by *εἰ*, *εἰ γὰρ*, *εἴθε*, *ὡς*, *πῶς ἄν*, with the optative: or by *εἴθ' ὤφελον-ες-ε*, *ὡς ὤφελον* or *ὤφελον* alone with the Infinitive.

Cf. *Iliad* xxi. 279. *ὥς μ' ὄφελ' Ἕκτωρ κτεῖναι.*
Eur. *Medea* i. *εἴθ' ὤφελ' Ἀργοῦς μὴ διαπτάσθαι σκάφος.*
Eur. *Hecuba*, 824. *εἴ μοι γένοιτο.*

But *εἰ* = utinam, is generally followed by *γὰρ*, cf. Hom. *Od.* iii. 205. *εἰ γὰρ ἐμοὶ..παραθεῖειν.*

Compare Matth. Gr. Gr. § 513, and Eur. *Medea*, 96, 174:

Si for *utinam* occurs in Latin poets, cf. Virg. *Æn.* vi. 187. Compare too the Latin use of interrogative *quis*. "O quæ satis alta dehiscat. terra mihi?"

213. *οὐ μὴ* with the 2nd person Fut. Indic. is a strong prohibition:
cf. Eur. *Bacchæ* 243, *οὐ μὴ προσοίσεις χεῖρα..*
Eur. *Medea* 1151, *οὐ μὴ δυσμένης ἔσει* = *μὴ ἴσθι.*
οὐ μὴ with the Aorist Subj. a strong negation:
cf. Eur. *Hec.* 1022, *ἀλλ' οὔτι μὴ φύγητε..*and *Cyclop.* 662.

214. *μανίας ἔποχον*: that aims at madness, cf. Eur. *Herc. Fur.* 984, and Mr. Paley's note to *Hippolytus* 214.

218. *βαλιαῖς* = dappled, cf. *Hecuba* 90. *Alcest.* 579.

— *ἐγχριμπτόμεναι*. sc. *κύνες*. Monk, and with him Mr. Paley, reads *ἐγχριμπτομένα*, and conjoin it to the subject of *εἶμι*.

219. *πρὸς θεῶν*. Invocation as always, for *ἔραμαι*. *θω.* = *ἔασόν με θω.*

221. *ὅρπαξ*. cf. *Bacchæ* 1205.

ΤΡ. τί ποτ' ὦ τέκνον, τάδε κηραίνεις;
τί κυνηγεσίων καὶ σοὶ μελέτη;
τί δὲ κρηναίων νασμῶν ἔρασαι;
πάρα γὰρ δροσερὰ πύργοις συνεχὴς
κλιτύς, ὅθεν σοι πῶμα γένοιτ' ἄν.

ΦΑΙ. δέσποιν' ἁλίας Ἄρτεμι Λίμνας
καὶ γυμνασίων τῶν ἱπποκρότων,
εἴθε γενοίμαν ἐν σοῖς δαπέδοις,
πώλους Ἐνέτας δαμαλιζομένα.

ΤΡ. τί τόδ' αὖ παράφρων ἔρριψας ἔπος;
νῦν δὴ μὲν ὄρος βᾶσ' ἐπὶ θήρας
πόθον ἐστέλλου, νῦν δ' αὖ ψαμάθοις
ἐπ' ἀκυμάντοις πώλων ἔρασαι.
τάδε μαντείας ἄξια πολλῆς,
ὅστις σε θεῶν ἀνασειράζει
καὶ παρακόπτει φρένας, ὦ παῖ.

ΦΑΙ. δύστανος ἐγώ, τί ποτ' εἰργασάμην;
ποῖ παρεπλάγχθην γνώμης ἀγαθῆς;
ἐμάνην, ἔπεσον δαίμονος ἄτῃ.
φεῦ φεῦ, τλήμων.
μαῖα, πάλιν μου κρύψον κεφαλάν·
αἰδούμεθα γὰρ τὰ λελεγμένα μοι.
κρύπτε· κατ' ὄσσων δάκρυ μοι βαίνει,

224. *καὶ σοί. καὶ* represented in English by strong emphasis on *you*. "What concern have *you* in hunting."

228. *ἁλίας Λίμνας*, cf. infra 1132. The Træzenian gymnasium near the shore.

231. *Ἐνέτας*. Antenor led colonists to Venetia after the destruction of Troy. The Veneti were celebrated for their breed of horses, cf. Virg. *Æn.* I. 242.

234. Setting your ideas to a desire for the chace, take *ἐπὶ* with *πόθον*. — *ἐστέλλου* = (lit. preparing yourself for), so the sentence = *ἐποθεῖς θήραν*.

235. *ψαμάθ ἀκυμ.*: *i.e.*, the race-course, the sands unwashed by the waves, "the dry sands."

237. *ἀνασειράζει*. "Draw off the right course," metaphor from pulling the rein of the trace-horse so as to draw him to one side.

καὶ ἐπ' αἰσχύνην ὄμμα τέτραπται.
τὸ γὰρ ὀρθοῦσθαι γνώμην ὀδυνᾷ,
τὸ δὲ μαινόμενον κακόν· ἀλλὰ κρατεῖ
μὴ γιγνώσκοντ' ἀπολέσθαι.

ΤΡ. κρύπτω· τὸ δ' ἐμὸν πότε δὴ θάνατος
σῶμα καλύψει;
πολλὰ διδάσκει μ' ὁ πολὺς βίοτος.
χρῆν γὰρ μετρίας εἰς ἀλλήλους
φιλίας θνητοὺς ἀνακίρνασθαι
καὶ μὴ πρὸς ἄκρον μυελὸν ψυχῆς,
εὔλυτα δ' εἶναι στέργηθρα φρενῶν
ἀπό τ' ὤσασθαι καὶ ξυντεῖναι.
τὸ δ' ὑπὲρ δισσῶν μίαν ὠδίνειν
ψυχὴν χαλεπὸν βάρος, ὡς κἀγὼ
τῆσδ' ὑπεραλγῶ.
βιότου δ' ἀτρεκεῖς ἐπιτηδεύσεις
φασὶ σφάλλειν πλέον ἢ τέρπειν
τῇ θ' ὑγιείᾳ μᾶλλον πολεμεῖν.
οὕτω τὸ λίαν ἧσσον ἐπαινῶ
τοῦ μηδὲν ἄγαν·
καὶ ξυμφήσουσι σοφοί μοι.

ΧΟ. γύναι γεραιά, βασιλίδος πιστὴ τροφὲ
Φαίδρας, ὁρῶ μὲν τάσδε δυστήνους τύχας,
ἄσημα δ' ἡμῖν ἥτις ἐστὶν ἡ νόσος·

267—430. The Chorus try to find out from the nurse what ails Phædra. The nurse (line 310) moves the Queen by mentioning Hippolytus' name. At length Phædra gives her own account in lines 372—430.

254. ἀνακίρνασθαι. Join friendship, metaphor from mixing wine and swearing friendship over it, cf. Æsch. *Choeph.* 336. *Agam.* 771. *Herod.* iv. 152.

255. ἄκε μυελ. cf. *Bacchæ* 203. ἄκρος can mean (as here) "going deep," or "*just touching the surface.*"

261. ἀτρεκεῖς = over exact, cf. infra 469 and 1116.

265. τοῦ μηδὲν ἄγαν: Chilon of Sparta is author of this saying, cf. Aristot. *Rhet.* 2, 12, 14.

269. Notice that ἄσημα is neuter plural.

σοῦ δ' ἂν πυθέσθαι καὶ κλύειν βουλοίμεθ' ἄν.
ΤΡ. οὐκ οἶδ' ἐλέγχους· οὐ γὰρ ἐννέπειν θέλει.
ΧΟ. οὐδ' ἥτις ἀρχὴ τῶνδε πημάτων ἔφυ;
ΤΡ. εἰς ταὐτὸν ἥκεις· πάντα γὰρ σιγᾷ τάδε.
ΧΟ. ὡς ἀσθενεῖ τε καὶ κατέξανται δέμας.
ΤΡ. πῶς δ' οὔ, τριταίαν οὖσ' ἄσιτος ἡμέραν;
ΧΟ. πότερον ὑπ' ἄτης ἢ θανεῖν πειρωμένη;
ΤΡ. θανεῖν· ἀσιτεῖ δ' εἰς ἀπόστασιν βίου.
ΧΟ. θαυμαστὸν εἶπας, εἰ τάδ' ἐξαρκεῖ πόσει.
ΤΡ. κρύπτει γὰρ ἥδε πῆμα κοὔ φησιν νοσεῖν.
ΧΟ. ὁ δ' εἰς πρόσωπον οὐ τεκμαίρεται βλέπων;
ΤΡ. ἔκδημος ὢν γὰρ τῆσδε τυγχάνει χθονός.
ΧΟ. σὺ δ' οὐκ ἀνάγκην προσφέρεις, πειρωμένη
νόσον πυθέσθαι τῆσδε καὶ πλάνον φρενῶν;
ΤΡ. εἰς πᾶν ἀφῖγμαι κοὐδὲν εἴργασμαι πλέον·
οὐ μὴν ἀνήσω γ' οὐδὲ νῦν προθυμίας,
ὡς ἂν παροῦσα καὶ σύ μοι ξυμμαρτυρῇς
οἵα πέφυκα δυστυχοῦσι δεσπόταις.
ἄγ', ὦ φίλη παῖ, τῶν πάροιθε μὲν λόγων
λαθώμεθ' ἄμφω, καὶ σύ θ' ἡδίων γενοῦ
στυγνὴν ὀφρὺν λύσασα καὶ γνώμης ὁδόν,
ἐγώ θ' ὅπῃ σοι μὴ καλῶς τόθ' εἱπόμην
μεθεῖσ' ἐπ' ἄλλον εἶμι βελτίω λόγον.
κεἰ μὲν νοσεῖς τι τῶν ἀπορρήτων κακῶν,

271. *οὐκ οἶδ' ἐλέγχους.* "I have no certain proof of her malady." Monk reads the pres. participle *ἐλέγχουσ'*—"I have learnt nothing by questioning her:" This (Monk's reading) suits the context, gives a special force to *ἐλέγχουσ'*, and appears more like Greek.

274. *κατέξανται:* the strict sense is that of carding or combing: for this metaphorical meaning cf. *Troad* 509. *Medea* 1030.

275. *πῶς δ' οὐ.* "Of course" (how could you expect anything else).

— *τριταίαν*: here simply = *τρίτην*, cf. *Hec.* 32. It is the accusative of duration of time.

285. *οὐ μὴν...γε* = neque...tamen "for all that I will not desist even now, &c.

γυναῖκες αἵδε συγκαθιστάναι νόσον·
εἰ δ' ἔκφορός σοι συμφορὰ πρὸς ἄρσενας,
λέγ', ὡς ἰατροῖς πρᾶγμα μηνυθῇ τόδε.
εἶεν· τί σιγᾷς; οὐκ ἐχρῆν σιγᾶν, τέκνον,
ἀλλ' ἤ μ' ἐλέγχειν, εἴ τι μὴ καλῶς λέγω,
ἢ τοῖσιν εὖ λεχθεῖσι συγχωρεῖν λόγοις.
φθέγξαι τι, δεῦρ' ἄθρησον· ὢ τάλαιν' ἐγώ.
γυναῖκες, ἄλλως τούσδε μοχθοῦμεν πόνους,
ἴσον δ' ἄπεσμεν τῷ πρίν· οὔτε γὰρ τότε
λόγοις ἐτέγγεθ' ἥδε νῦν τ' οὐ πείθεται.
ἀλλ' ἴσθι μέντοι, πρὸς τάδ' αὐθαδεστέρα
γίγνου θαλάσσης, εἰ θανεῖ, προδοῦσα σοὺς
παῖδας πατρῴων μὴ μεθέξοντας δόμων,
μὰ τὴν ἄνασσαν ἱππίαν Ἀμαζόνα,
ἢ σοῖς τέκνοισι δεσπότην ἐγείνατο
νόθον φρονοῦντα γνήσι', οἶσθά νιν καλῶς
Ἱππόλυτον. ΦΑΙ. οἴμοι. ΤΡ. θιγγάνει σέθεν
τόδε;

ΦΑΙ. ἀπώλεσάς με, μαῖα, καί σε πρὸς θεῶν
τοῦδ' ἀνδρὸς αὖθις λίσσομαι σιγᾶν πέρι.

ΤΡ. ὁρᾷς; φρονεῖς μὲν εὖ, φρονοῦσα δ' οὐ θέλεις
παῖδάς τ' ὀνῆσαι καὶ σὸν ἐκσῶσαι βίον.

294. *συγκαθίσταναι νόσον* = "to help in curing," cf. *Herc. Fur.* κυνὸς κόμιστρα συγκατάστησον and *Thuc.* viii. 68.

295. *ἐκφορός.* Cf. infra 650 and *Æsch. Prom.* 1029.

301. *ἄλλως*, cf. 198. supra: note.

305. *ἴσθι...προδοῦσα.* By betraying the children the nurse means that by Phædra's death they will lose a protector, and that probably Hippolytus will acquire the sovereignty before them. She imagines Phædra is jealous of Hippolytus.

309. *τόδε.* A double entendre. The nurse thinks that Phædra is stung with jealousy at Hippolytus' name, and will live to protect her children; but Phædra only means, "don't mention his name, not wishing to have him called to her mind."

311. *πρὸς θεῶν.* Used in adjurations only, cf. infra 333, ἄπελθε πρὸς θεῶν and 507, also Soph. *Ajax* 370.

ΦΑΙ. φιλῶ τέκν᾽· ἄλλῃ δ᾽ ἐν τύχῃ χειμάζομαι.
ΤΡ. ἁγνὰς μέν, ὦ παῖ, χεῖρας αἵματος φέρεις;
ΦΑΙ. χεῖρες μὲν ἁγναί, φρὴν δ᾽ ἔχει μίασμά τι.
ΤΡ. μῶν ἐξ ἐπακτοῦ πημονῆς ἐχθρῶν τινος;
ΦΑΙ. φίλος μ᾽ ἀπόλλυσ᾽ οὐχ ἑκοῦσαν οὐχ ἑκών.
ΤΡ. Θησεύς τιν᾽ ἡμάρτηκεν εἰς σ᾽ ἁμαρτίαν;
ΦΑΙ. μὴ δρῶσ᾽ ἔγωγ᾽ ἐκεῖνον ὀφθείην κακῶς.
ΤΡ. τί γὰρ τὸ δεινὸν τοῦθ᾽ ὅ σ᾽ ἐξαίρει θανεῖν;
ΦΑΙ. ἔα μ᾽ ἁμαρτεῖν· οὐ γὰρ εἰς σ᾽ ἁμαρτάνω.
ΤΡ. οὐ δῆθ᾽ ἑκοῦσά γ᾽, ἐν δὲ σοὶ λελείψομαι.
ΦΑΙ. τί δρᾷς; βιάζει χειρὸς ἐξαρτωμένη;
ΤΡ. καὶ σῶν γε γονάτων, κοὐ μεθήσομαί ποτε.
ΦΑΙ. κάκ᾽, ὦ τάλαινα, σοὶ τάδ᾽, εἰ πεύσει, κακά.
ΤΡ. μεῖζον γὰρ ἢ σοῦ μὴ τυχεῖν τί μοι κακόν;
ΦΑΙ. ὀλεῖ· τὸ μέντοι πρᾶγμ᾽ ἐμοὶ τιμὴν φέρει.
[ΤΡ. κἄπειτα κρύπτεις χρήσθ᾽ ἱκνουμένης ἐμοῦ;
ΦΑΙ. ἐκ τῶν γὰρ αἰσχρῶν ἐσθλὰ μηχανώμεθα.]
ΤΡ. οὐκοῦν λέγουσα τιμιωτέρα φανεῖ.
ΦΑΙ. ἄπελθε πρὸς θεῶν, δεξιᾶς τ᾽ ἐμῆς μέθες.
ΤΡ. οὐ δῆτ᾽, ἐπεί μοι δῶρον οὐ δίδως ὃ χρῆν.
ΦΑΙ. δώσω· σέβας γὰρ χειρὸς αἰδοῦμαι τὸ σόν.
ΤΡ. σιγῷμ᾽ ἂν ἤδη· σὸς γὰρ οὑντεῦθεν λόγος.
ΦΑΙ. ὦ τλῆμον, οἷον, μῆτερ, ἠράσθης ἔρον,
ΤΡ. ὃν ἔσχε ταύρου, τέκνον, ἢ τί φῂς τόδε;

316. *ἁγνὰς αἵματος*, cf. 138. supra note. Compare also Hor. *Od.* I. 22, i. Integer vitæ scelerisque purus. For the antithesis between *χεῖρες* and *φρήν*, cf. *Orest.* 1604.

319. Notice the apposition *οὐχ ἑκ οὐχ ἑκ*, cf. *Alcest.* 369, and Soph. *Ajax*, 620.

324. *ἐν σοὶ λελείψομαι.* Phædra says, let me alone, my wilfulness does not hurt you. (The nurse), no, not wittingly; still it is through you (dependent on you) that I shall fail, cf. *Alcest.* 389.

329. *τὸ μέντοι πρᾶγμα*, *i.e.* suicide which Phædra is meditating.

337. *ὦ τλῆμον μῆτερ.* It was Phædra's grandmother Europa, to whom Zeus made love, in the form of a bull.

ΦΑΙ. σύ τ', ὦ τάλαιν' ὅμαιμε, Διονύσου δάμαρ,
ΤΡ. τέκνον, τί πάσχεις; συγγόνους κακορροθεῖς;
ΦΑΙ. τρίτη δ' ἐγὼ δύστηνος ὡς ἀπόλλυμαι.
ΤΡ. ἔκ τοι πέπληγμαι· ποῖ προβήσεται λόγος;
ΦΑΙ. ἐκεῖθεν ἡμεῖς, οὐ νεωστὶ δυστυχεῖς.
ΤΡ. οὐδέν τι μᾶλλον οἶδ ἃ βούλομαι κλύειν.
ΦΑΙ. φεῦ·
πῶς ἂν σύ μοι λέξειας ἁμὲ χρὴ λέγειν;
ΤΡ. οὐ μάντις εἰμὶ τἀφανῆ γνῶναι σαφῶς.
ΦΑΙ. τί τοῦθ' ὃ δὴ λέγουσιν ἀνθρώπους ἐρᾶν;
ΤΡ. ἥδιστον, ὦ παῖ, ταὐτὸν ἀλγεινόν θ' ἅμα.
ΦΑΙ. ἡμεῖς ἂν εἶμεν θατέρῳ κεχρημένοι.
ΤΡ. τί φής; ἐρᾷς, ὦ τέκνον, ἀνθρώπων τίνος;
ΦΑΙ. ὅστις πόθ' οὗτός ἐσθ' ὁ τῆς Ἀμαζόνος—
ΤΡ. Ἱππόλυτον αὐδᾷς; ΦΑΙ. σοῦ τάδ', οὐκ ἐμοῦ κλύεις.
ΤΡ. οἴμοι, τί λέξεις, τέκνον; ὥς μ' ἀπώλεσας.
γυναῖκες, οὐκ ἀνασχέτ', οὐκ ἀνέξομαι
ζῶσ'· ἐχθρὸν ἦμαρ, ἐχθρὸν εἰσορῶ φάος.
ῥίψω μεθήσω σῶμ', ἀπαλλαχθήσομαι
βίου θανοῦσα· χαίρετ'· οὐκέτ' εἴμ' ἐγώ.
οἱ σώφρονες γὰρ οὐχ ἑκόντες, ἀλλ' ὅμως
κακῶν ἐρῶσι. Κύπρις οὐκ ἄρ' ἦν θεός,

339. Ariadne, wife of Dionysus.

342. ἔκ τοι πέπληγμαι. τοι is a confidential particle. "I assure you" here = "*Believe me I am, &c.*"

343. ἐκεῖθεν. Phædra referring to 337, a kind of family misfortune this μανία of ours.

347. τί τοῦθ'...ἐρᾶν. What is this they say "that men love"? cf. *Propert.* 2, 4, 14. quidquid habetur amor, &c.

358. ἀλλ' ὅμως, cf. 47. ὅμως, *i.e.* (in spite of their ἀκουσία *still they, &c.*)

359. ἄρα, with Imperfect = "*It was all along, and now I see that it was.*" "*the event proves.*"

— Translate "It was not, it seems, a goddess Cupris, but..."

— Cf. Soph. *Elect.* 762, μάτην ἄρ' ἡμεῖς, ὡς ἔοικεν, ἥκομεν.

— Also Soph. *Phil.* 996, Eur. *Hec.* 511, 1119.

ἀλλ' εἴ τι μεῖζον ἄλλο γίγνεται θεοῦ,
ἣ τήνδε κἀμὲ καὶ δόμους ἀπώλεσεν.

ΧΟ. ἄιες ὦ, ἔκλυες ὢ — στρ.
ἀνήκουστα τᾶς
τυράννου πάθεα μέλεα θρεομένας.
ὀλοίμαν ἔγωγε, πρὶν σᾶν, φίλα,
κατανύσαι φρενῶν. ἰώ μοι, φεῦ φεῦ.
ὦ τάλαινα τῶνδ' ἀλγέων·
ὦ πόνοι τρέφοντες βροτούς.
ὄλωλας, ἐξέφηνας εἰς φάος κακά.
τίς σε παναμέριος ὅδε χρόνος μένει;
τελευτάσεταί τι καινὸν δόμοις.
ἄσημα δ' οὐκέτ' ἐστὶν οἷ φθίνει τύχα
Κύπριδος, ὦ τάλαινα παῖ Κρησία.

ΦΑΙ. Τροιζήνιαι γυναῖκες, αἳ τόδ' ἔσχατον
οἰκεῖτε χώρας Πελοπίας προνώπιον,
ἤδη ποτ' ἄλλως νυκτὸς ἐν μακρῷ χρόνῳ
θνητῶν ἐφρόντισ' ᾗ διέφθαρται βίος.
καί μοι δοκοῦσιν οὐ κατὰ γνώμης φύσιν

360. εἴ τι μεῖζον θεοῦ, cf. τὸ δ' εὐτυχεῖν.
τό δ' ἐν βροτοῖς θεός τε καὶ θεοῦ πλέον. *Æsch.*

365. κατανύσαι σᾶν φρενῶν. "Before you carry out the tendency of your thoughts." Perhaps δρόμον or ὁδόν may be supplied; Elmsley, (cf. (Lidd. & Scott) takes κατανύσαι to govern the Genitive; compare Soph. *Elect.* 1450. φίλης γὰρ προξένου κατήνυσαν where οἶκον is intended to be supplied by the hearer, here, however, there is a play on the meaning of the word κατανύειν, kill, despatch. Mr. Jebb says "κατήνυσαν from the notion of obtaining the object of one's pursuit is construed with a genitive in the sense of ἐπέτυχον," and compares Soph. *O. C.* 1487.

366. τρέφοντες = "attendant on," cf. *Trach.* 116, οὕτω δὲ τὸν καδμογενῆ τρέφει.

373. προνώπιον = πρόθυρον, a portico, the Latin vestibulum, to a ship coming to the Peloponnese from the East, cf. *Bacchæ* 639, 645.

375. ἐν μακρῷ χρ. ἐφρόντισα, cf. Arist. *Ran.* 931 (898 Holden). Aristoph. always has an aorist.

376. πράσσειν κάκιον (sc. ἢ ἀνάγκη ἐστιν) to fare worse than they need: for πράσσειν with an adverb in this sense, cf. Thucyd. vii. 24; Herod. i. 24, vi. 94; Æsch. *Pr.* 979; Soph. *Ant.* 701; Ar. *Plut.* 634, 802 (Holden, 626, 785); Eur. *Heracl.* 794.

πράσσειν κάκιον, ἔστι γὰρ τό γ' εὖ φρονεῖν
πολλοῖσιν, ἀλλὰ τῇδ' ἀθρητέον τόδε·
τὰ χρήστ' ἐπιστάμεσθα καὶ γιγνώσκομεν,
οὐκ ἐκπονοῦμεν δ', οἱ μὲν ἀργίας ὕπο,
οἱ δ' ἡδονὴν προθέντες ἀντὶ τοῦ καλοῦ
ἄλλην τιν'. εἰσὶ δ' ἡδοναὶ πολλαὶ βίου,
μακραί τε λέσχαι καὶ σχολή, τερπνὸν κακόν,
αἰδώς τε. δισσαὶ δ' εἰσίν, ἡ μὲν οὐ κακή,
ἡ δ' ἄχθος οἴκων. εἰ δ' ὁ καιρὸς ἦν σαφής,
οὐκ ἂν δύ' ἤστην ταὔτ' ἔχοντε γράμματα.
ταῦτ' οὖν ἐπειδὴ τυγχάνω φρονοῦσ' ἐγώ,
οὐκ ἔσθ' ὁποίῳ φαρμάκῳ διαφθερεῖν
ἔμελλον, ὥστε τοὔμπαλιν πεσεῖν φρενῶν,
λέξω δὲ καὶ σοὶ τῆς ἐμῆς γνώμης ὁδόν·
ἐπεί μ' ἔρως ἔτρωσεν, ἐσκόπουν ὅπως
κάλλιστ' ἐνέγκαιμ' αὐτόν. ἠρξάμην μὲν οὖν
ἐκ τοῦδε σιγᾶν τήνδε καὶ κρύπτειν νόσον.
γλώσσῃ γὰρ οὐδὲν πιστόν, ἣ θυραῖα μὲν
φρονήματ' ἀνδρῶν νουθετεῖν ἐπίσταται,
αὐτὴ δ' ὑφ' αὑτῆς πλεῖστα κέκτηται κακά.
τὸ δεύτερον δὲ τὴν ἄνοιαν εὖ φέρειν
τῷ σωφρονεῖν νικῶσα προυνοησάμην.

379. τὰ χρήστ' ἐπιστ', cf Ovid. *Metamorph.* 7, 20, video meliora proboque deteriora sequor; and Soph. *O. T.* 318, ταῦτα γὰρ καλῶς ἐγὼ εἰδὼς διώλεσα.

381. τοῦ καλοῦ, duty; τὸ καλ = that which is morally right, opp. to τὸ αἰσχρόν.

384. αἰδώς is two-fold, 1, want of decision (which shrinks from a good deed for fear of people's opinions), 2, modesty (which shrinks from improprieties from a pardonable sense of shame, *i.e.* in Phædra's case, a shy unwillingness to confide in Theseus.

385-6. "Had each its fitting sphere (occasion), though spelt the same they never would have been two."

388. διαφθερεῖν = to alter for the worse, "to alter," cf. *Medea* 1055, Æsch. *Agam.* 905, γνώμην διαφθεροῦντ' and Eur. *Hel.* 920.

390. καὶ σοί, to you (the Chorus) as well as to the nurse, in whom Phrædra had confided, 352. supra.

τρίτον δ', ἐπειδὴ τοισίδ' οὐκ ἐξήνυτον
Κύπριν κρατῆσαι, κατθανεῖν ἔδοξέ μοι
κράτιστον· οὐδεὶς ἀντερεῖ βουλεύμασιν.
ἐμοὶ γὰρ εἴη μήτε λανθάνειν καλὰ
μήτ' αἰσχρὰ δρώσῃ μάρτυρας πολλοὺς ἔχειν.
τὸ δ' ἔργον ᾔδη τὴν νόσον τε δυσκλεᾶ,
γυνή τε πρὸς τοῖσδ' οὖσ' ἐγίγνωσκον καλῶς,
μίσημα πᾶσιν. ὡς ὄλοιτο παγκάκως
ἥτις πρὸς ἄνδρας ἤρξατ' αἰσχύνειν λέχη
πρώτη θυραίους. ἐκ δὲ γενναίων δόμων
τόδ' ἦρξε θηλείαισι γίγνεσθαι κακόν.
ὅταν γὰρ αἰσχρὰ τοῖσιν ἐσθλοῖσιν δοκῇ,
ἦ κάρτα δόξει τοῖς κακοῖς εἶναι καλά.
μισῶ δὲ καὶ τὰς σώφρονας μὲν ἐν λόγοις,
λάθρᾳ δὲ τόλμας οὐ καλὰς κεκτημένας.
αἳ πῶς ποτ', ὦ δέσποινα ποντία Κύπρι,
βλέπουσιν εἰς πρόσωπα τῶν ξυνευνετῶν
οὐδὲ σκότον φρίσσουσι τὸν ξυνεργάτην
τέρεμνά τ' οἴκων μή ποτε φθογγὴν ἀφῇ;
ἡμᾶς γὰρ αὐτὸ τοῦτ' ἀποκτείνει, φίλαι,
ὡς μήποτ' ἄνδρα τὸν ἐμὸν αἰσχύνασ' ἁλῶ,
μὴ παῖδας οὓς ἔτικτον· ἀλλ' ἐλεύθεροι
παρρησίᾳ θάλλοντες οἰκοῖεν πόλιν
κλεινῶν Ἀθηνῶν, μητρὸς οὕνεκ' εὐκλεεῖς.

393. sqq. Notice the climax, the first plan was "Silence" (393), the second "self-control" (398), the third and last "Death" (400).

399. τοισίδ': so Monk. Mr. Paley reads τοῖσιν.

404. δυσκλεᾶ, sc. οὖσαν.

411. δοκῇ, understand with Monk εἶναι καλὰ from the following line.

421. One would expect μηδέ instead of μὴ here.

423. μητρὸς οὕνεκα, with reputation unstained as far as their mother is concerned. For οὕνεκα in this sense following its case, cf. Æsch. *Ag.* 796 (823), Soph. *Phil.* 774, *Elect.* 387, Arist. *Ach.* 386 (342. Holden).

δουλοῖ γὰρ ἄνδρα, κἂν θρασύσπλαγχνός τις ᾖ,
ὅταν ξυνειδῇ μητρὸς ἢ πατρὸς κακά.
μόνον δὲ τοῦτό φασ' ἁμιλλᾶσθαι βίῳ,
γνώμην δικαίαν κἀγαθήν, ὅτῳ παρῇ.
κακοὺς δὲ θνητῶν ἐξέφην', ὅταν τύχῃ,
προθεὶς κάτοπτρον ὥστε παρθένῳ νέᾳ
χρόνος· παρ' οἷσι μήποτ' ὀφθείην ἐγώ.

ΧΟ. φεῦ φεῦ· τὸ σῶφρον ὡς ἁπανταχοῦ καλὸν
καὶ δόξαν ἐσθλὴν ἐν βροτοῖς καρπίζεται.

ΤΡ. δέσποιν', ἐμοί τοι ξυμφορὰ μὲν ἀρτίως
ἡ σὴ παρέσχε δεινὸν ἐξαίφνης φόβον·
νῦν δ' ἐννοοῦμαι φαῦλος οὖσα· κἀν βροτοῖς
αἱ δεύτεραί πως φροντίδες σοφώτεραι.
οὐ γάρ περισσὸν οὐδὲν οὐδ' ἔξω λόγου
πέπονθας· ὀργαὶ δ' εἰς σ' ἐπέσκηψαν θεᾶς.
ἐρᾷς· τί τοῦτο θαῦμα; σὺν πολλοῖς βροτῶν.
κἄπειτ' ἔρωτος οὕνεκα ψυχὴν ὀλεῖς;
οὔ τἄρα λύει τοῖς ἐρῶσι τῶν πέλας
ὅσοι τε μέλλουσ', εἰ θανεῖν αὐτοὺς χρεών·
Κύπρις γὰρ οὐ φορητός, ἢν πολλὴ ῥυῇ·
ἣ τὸν μὲν εἴκονθ' ἡσυχῇ μετέρχεται,

432—520. The nurse shifts her ground—she tries to convince Phædra that her love is harmless, and adduces examples.

426. ἁμιλλᾶσθαι. Rival, be equal to, and so "support," cf. *Æsch. Theb.* 597.

428. ἐξέφηνε. Aorist of Habit, "is wont to shew." Madvig Grk. Syntax, § 111 (335. R. 3.) "The aorist is used of that which has often happened, and consequently is wont to happen, in which sense it may be found coupled with the present (which expresses the general relation absolutely," cf. Eur. *Med.* 130, 223, 245, *Hecuba* 596, διέφθειρε, and *Hippol.* 446, 644.

430. μήποτ' ὀφθείην, cf. 209. supra.

435. φαῦλος usually = bad of its kind, as σπουδαῖος = good of its kind, here φαυλ = mistaken.

441. λύει = λυσιτελεῖ, cf. Eur. *Med.* 1362. *Alc.* 627.

443. φορητός. Monk reads φορητόν, thus οὐ φ, a thing intolerable. For πολλή, cf. line 1.

ὃν δ' ἂν περισσὸν καὶ φρονοῦνθ' εὕρῃ μέγα,
τοῦτον λαβοῦσα, πῶς δοκεῖς, καθύβρισεν.
φοιτᾷ δ' ἀν' αἰθέρ', ἔστι δ' ἐν θαλασσίῳ
κλύδωνι Κύπρις, πάντα δ' ἐκ ταύτης ἔφυ·
ἥδ' ἐστὶν ἡ σπείρουσα καὶ διδοῦσ' ἔρον,
οὗ πάντες ἐσμὲν οἱ κατὰ χθόν' ἔκγονοι.
ὅσοι μὲν οὖν γραφάς τε τῶν παλαιτέρων
ἔχουσιν αὐτοί τ' εἰσὶν ἐν μούσαις ἀεί,
ἴσασι μὲν Ζεὺς ὥς ποτ' ἠράσθη γάμων
Σεμέλης, ἴσασι δ' ὡς ἀνήρπασέν ποτε
ἡ καλλιφεγγὴς Κέφαλον εἰς θεοὺς Ἕως
ἔρωτος οὕνεκ'· ἀλλ' ὅμως ἐν οὐρανῷ
ναίουσι κοὐ φεύγουσιν ἐκποδὼν θεούς,
στέργουσι δ', οἶμαι, συμφορᾷ νικώμενοι.
σὺ δ' οὐκ ἀνέξει; χρῆν σ' ἐπὶ ῥητοῖς ἄρα
πατέρα φυτεύειν ἢ 'πὶ δεσπόταις θεοῖς
ἄλλοισιν, εἰ μὴ τούσδε γε στέρξεις νόμους.
πόσους δοκεῖς δὴ κάρτ' ἔχοντας εὖ φρενῶν
νοσοῦνθ' ὁρῶντας λέκτρα μὴ δοκεῖν ὁρᾶν;
πόσους δὲ παισὶ πατέρας ἡμαρτηκόσι

446. *καθύβρισεν.* Cf. 428. supra.

447. Compare Sophocles' description Fr. 678 in Poetæ Scenici. *ὦ παῖδες ἤτοι Κύπρις.*

450. Compare Aristoph. *Birds* 673 (Holden), *ἔρως...οὗτος ἐνεόττευσεν γένος ἡμέτερον*, for his Cosmogony.

452. *ἐν μούσαις.* sc. *ἔμμουσοι.*

453. Zeus was father of Dionysus, by Semele, the daughter of Cadmus, and Aurora carried to heaven Cephalus, the husband of Procris, but (says the nurse) neither Semele nor Cephalus tried to kill themselves after their illicit loves, cf. Hom. *Odyss.* 15, 250.

457. Compare *Hercules Fur.* 1318-19.

458. *ξυμφορᾷ*, a love-fit, cf. *Medea* 1195. *Hec.* 776, and *Heracl.* 352. *στέργειν* = *ἀγαπᾶν*, to acquiesce in.

459. *ἐπὶ ῥητοῖς.* "On special conditions," cf. Herod. 5, 57, Thucyd. 1, 122. Some extraordinary laws should have been made for you at your birth if you were discontented with those which govern other men.

463. *μὴ δοκεῖν*, cf. 119. supra.

465. *κύπριν* = the beloved object.

συνεκκομίζειν Κύπριν; ἐν σοφοῖσι γὰρ
τάδ' ἐστὶ θνητῶν, λανθάνειν τὰ μὴ καλά.
οὐδ' ἐκπονεῖν τοι χρῆν βίον λίαν βροτούς·
οὐδὲ στέγην γὰρ ἧς κατηρεφεῖς δόμοι
καλῶς ἀκριβώσειαν· εἰς δὲ τὴν τύχην
πεσοῦσ' ὅσην σὺ πῶς ἂν ἐκνεῦσαι δοκεῖς;
ἀλλ' εἰ τὰ πλείω χρηστὰ τῶν κακῶν ἔχεις,
ἄνθρωπος οὖσα κάρτα γ' εὖ πράξειας ἄν.
ἀλλ' ὦ φίλη παῖ, λῆγε μὲν κακῶν φρενῶν,
λῆξον δ' ὑβρίζουσ'· οὐ γὰρ ἄλλο πλὴν ὕβρις
τάδ' ἐστί, κρείσσω δαιμόνων εἶναι θέλειν·
τόλμα δ' ἐρῶσα· θεὸς ἐβουλήθη τάδε.
νοσοῦσα δ' εὖ πως τὴν νόσον καταστρέφου.
εἰσὶν δ' ἐπῳδαὶ καὶ λόγοι θελκτήριοι·
φανήσεταί τι τῆσδε φάρμακον νόσου.
ἦ τἄρ' ἂν ὀψέ γ' ἄνδρες ἐξεύροιεν ἄν,
εἰ μὴ γυναῖκες μηχανὰς εὑρήσομεν.

ΧΟ. Φαίδρα, λέγει μὲν ἥδε χρησιμώτερα
πρὸς τὴν παροῦσαν συμφοράν, αἰνῶ δὲ σέ.

469. **οὐδὲ στέγην γὰρ...ἀκριβώσειαν.** This is a hard passage. Monk thinks ἂν is lost, and suggests that a line has dropped out which contained it. In former editions he read οὐδ' ἂν στέγην, &c. Mr. Paley refers to his note on Æsch. *Agam.* 585, and justifies the omission saying that ἂν is not always found with the Optative in a potential sense, and giving quotations. It is very unusual at any rate, I prefer Monk's suggestion to read οὐδ' ἂν στέγην. *The meaning is,* "even carpenters, with the assistance of their measures, cannot fit the roof of a house quite accurately, how then can we be perfectly exact in the more difficult affairs of life?"

472. **ἄνθρωπος.** A female may be said to be ἄνθρωπος when regarded as a member of the great family of mankind. Compare ἡ ἄνθρωπος, Herod. i. 60, so too the Latin "Homo" is sometimes feminine.

473, 474. **λῆγε, λῆξον.** The *present tense* refers to a state of mind, to something going on; the Aorist refers to single, special, and distinct acts occurring once and summarily: *e. g.* particular terms of abuse.

477. **καταστρέφου.** Subdue, "bring within your control." Thucyd. iii. 138. For 477-8, cf. Horace *Ep.* i. i. 38. Sunt verba et voces quibus hunc lenire dolorem possis et magnam morbi deponere partem.

483. **αἰνῶ δὲ σέ.** The Chorus declare that the nurse's advice has more worldly usefulness in it, but that they give their moral support to Phædra in preferring death to shame.

ὁ δ' αἶνος οὗτος δυσχερέστερος λόγων
τῶν τῆσδε καὶ σοὶ μᾶλλον ἀλγίων κλύειν.
ΦΑΙ. τοῦτ' ἔσθ' ὃ θνητῶν εὖ πόλεις οἰκουμένας
δόμους τ' ἀπόλλυσ', οἱ καλοὶ λίαν λόγοι.
οὐ γάρ τι τοῖσιν ὠσὶ τερπνὰ χρὴ λέγειν,
ἀλλ' ἐξ ὅτου τις εὐκλεὴς γενήσεται.
ΤΡ. τί σεμνομυθεῖς; οὐ λόγων εὐσχημόνων
δεῖ σ' ἀλλὰ τἀνδρός· ὡς τάχος διιστέον
τὸν εὐθὺν ἐξειπόντας ἀμφὶ σοῦ λόγον.
εἰ μὲν γὰρ ἦν σοι μὴ 'πὶ συμφοραῖς βίος
τοιαῖσδε, σώφρων δ' οὖσ' ἐτύγχανες γυνή,
οὐκ ἄν ποτ' εὐνῆς οὕνεχ' ἡδονῆς τε σῆς
προσῆγον ἄν σε δεῦρο· νῦν δ' ἀγὼν μέγας
σῶσαι βίον σόν, κοὐκ ἐπίφθονον τόδε.
ΦΑΙ. ὦ δεινὰ λέξασ', οὐχὶ συγκλείσεις στόμα
καὶ μὴ μεθήσεις αὖθις αἰσχίστους λόγους;
ΤΡ. αἴσχρ', ἀλλ' ἀμείνω τῶν καλῶν τάδ' ἐστί σοι.
κρεῖσσον δὲ τοὔργον, εἴπερ ἐκσώσει γέ σε,
ἢ τοὔνομ' ᾧ σὺ κατθανεῖ γαυρουμένη.
ΦΑΙ. καὶ μή σε πρὸς θεῶν, εὖ λέγεις γάρ, αἰσχρὰ δέ,
πέρα προβῇς τῶνδ'· ὡς ὑπείργασμαι μὲν εὖ
ψυχὴν ἔρωτι, τἀσχρὰ δ' ἢν λέγῃς καλῶς,
εἰς τοῦθ' ὃ φεύγω νῦν ἀναλωθήσομαι.
ΤΡ. εἴ τοι δοκεῖ σοι, χρῆν μὲν οὔ σ' ἁμαρτάνειν·

491. *διιστέον*. Two ways of taking this line. 1. "Tell it out to men and see if they will cure you," *i.e.* telling it to men find out the proper arguments in your case. 2. Tell the truth to Hippolytus, and make sure *διιστέον* of his sentiments. In the first *λόγον* follows *διιστέον*, in the second it follows *ἐξειπ*.

496. *οὐκ ἂν προσῆγον*. If I were not afraid that you would brood over this to your death I would not have recommended this desperate course (*i.e.* an appeal to Hippolytus). Mr. Paley reads *προῆγον*.

501. *τοὔργον*, viz., communicating her love to Hippolytus and trying to inspire him with the same feeling.

502. *γαυροῦσθαι* = vaunt oneself on a thing.

503. *πρὸς θεῶν*, cf. 311, note. Notice ellipse of *λίσσομαι*.

εἰ δ' οὖν, πιθοῦ μοι· δευτέρα γὰρ ἡ χάρις.
ἔστιν κατ' οἴκους φίλτρα μοι θελκτήρια
ἔρωτος, ἦλθε δ' ἄρτι μοι γνώμης ἔσω,
ἅ σ' οὔτ' ἐπ' αἰσχροῖς οὔτ' ἐπὶ βλάβῃ φρενῶν
παύσει νόσου τῆσδ', ἢν σὺ μὴ γένῃ κακή.
[δεῖ δ' ἐξ ἐκείνου δή τι τοῦ ποθουμένου
σημεῖον, ἢ λόγον τιν' ἢ πέπλων ἄπο
λαβεῖν, συνάψαι τ' ἐκ δυοῖν μίαν χάριν.]
ΦΑΙ. πότερα δὲ χριστὸν ἢ ποτὸν τὸ φάρμακον;
ΤΡ. οὐκ οἶδ'· ὄνασθαι, μὴ μαθεῖν βούλου, τέκνον.
ΦΑΙ. δέδοιχ' ὅπως μοι μὴ λίαν φανῇς σοφή.
ΤΡ. πάντ' ἂν φοβηθεῖσ' ἴσθι· δειμαίνεις δὲ τί;
ΦΑΙ. μή μοί τι Θησέως τῶνδε μηνύσῃς τόκῳ,
ΤΡ. ἔασον, ὦ παῖ· ταῦτ' ἐγὼ θήσω καλῶς.
μόνον σύ μοι, δέσποινα ποντία Κύπρι,
συνεργὸς εἴης. τἄλλα δ' οἷ' ἐγὼ φρονῶ
τοῖς ἔνδον ἡμῖν ἀρκέσει λέξαι φίλοις.
ΧΟ. Ἔρως Ἔρως, ὃ κατ' ὀμμάτων στρ.
στάζεις πόθον, εἰσάγων γλυκεῖαν
ψυχαῖς χάριν οὓς ἐπιστρατεύσῃ,
μή μοί ποτε σὺν κακῷ φανείης
μηδ' ἄρρυθμος ἔλθοις.
οὔτε γὰρ πυρὸς οὔτ'
ἄστρων ὑπέρτερον βέλος,
οἷον τὸ τᾶς Ἀφροδίτας

525—564. [An ode of the Chorus to Eros, praying that he may not attack them too violently ἄρρυθμος.]

508. εἰ δ' οὖν = εἰ δὲ μή. If you are determined to make no effort to win Hippolytus, you ought not to have made the mistake of loving him in the first case. If you are not so determined, then be guided by me.

510. ἔσω: in its proper sense expressing "motion," cf. line 2, note.

515. συνάψαι. Cf. Theocr. ii. 53., Virg. *Ecl.* viii. 91.

516. χριστὸν, &c. Æsch. *Prom.* 479. οὐδὲν οὔτε βρώσιμον οὐ χριστόν, οὔτε πιστόν.

ἵησιν ἐκ χερῶν
Ἔρως ὁ Διὸς παῖς.
ἄλλως ἄλλως παρά τ' Ἀλφεῷ ἀντ.
Φοίβου τ' ἐπὶ Πυθίοις τεράμνοις
βούταν φόνον Ἑλλὰς αἴ' ἀέξει·
Ἔρωτα δὲ τὸν τύραννον ἀνδρῶν,
τὸν τᾶς Ἀφροδίτας
φιλτάτων θαλάμων
κληδοῦχον, οὐ σεβίζομεν,
πέρθοντα καὶ διὰ πάσας
ἰόντα συμφορὰς
θνατοῖς, ὅταν ἔλθῃ.
τάν μὲν Οἰχαλίᾳ στρ.
πῶλον ἄζυγα λέκτρων
ἄνανδρον τὸ πρὶν καὶ ἄνυμφον, οἴκων
ζεύξασ' ἀπ' εἰρεσίᾳ, δρομάδα
τὰν Ἄιδος ὥστε Βάκχαν,
σὺν αἵματι, σὺν καπνῷ
φονίοις θ' ὑμεναίοις
Ἀλκμήνας τόκῳ Κύπρις ἐξέδωκεν·
ὦ τλάμων ὑμεναίων.
ὦ Θήβας ἱερὸν ἀντ.
τεῖχος, ὦ στόμα Δίρκας,
συνείποιτ' ἂν ἁ Κύπρις οἷον ἕρπει.
βροντᾷ γὰρ ἀμφιπύρῳ τοκάδα

535. παρά τ' Ἀλφεῷ refers to Zeus Olympius, whose temple at Olympia was near the Alpheus.

— ἄλλως. Cf. 198, note.

551. Hercules had received a promise from Eurytus that he should marry Iole. Eurytus failed to give her, and Hercules slew Eurytus, destroyed Æchalia and carried off Iole.

— Οἰχαλίᾳ. Locative, cf. Soph. *O. T.* 899, τὸν Ἄβαισι ναόν.

553. ἐκδοῦναι. Regular phrase = "to give in marriage."

556. Δίρκας, the fountain at Thebes.

τὰν Διογόνοιο Βάκχου
νυμφευσαμέναν πότμῳ
φονίῳ κατέλυσεν.
δεινὰ γὰρ τὰ πάντ' ἐπιπνεῖ, μέλισσα δ'
οἷα τις πεπόταται.
ΦΑΙ. σιγήσατ', ὦ γυναῖκες· ἐξειργάσμεθα.
ΧΟ. τί δ' ἔστι, Φαίδρα, δεινὸν ἐν δόμοισι σοῖς;
ΦΑΙ. ἐπίσχετ'· αὐδὴν τῶν ἔσωθεν ἐκμάθω.
ΧΟ. σιγῶ· τὸ μέντοι φροίμιον κακὸν τόδε.
ΦΑΙ. ἰώ μοι, αἰαῖ·
ὦ δυστάλαινα τῶν ἐμῶν παθημάτων.
ΧΟ. τίνα θροεῖς αὐδάν; τίνα βοᾷς λόγον;
ἔνεπε τίς φοβεῖ σε φάμα, γύναι,
φρένας ἐπίσσυτος.
ΦΑΙ. ἀπωλόμεσθα. ταῖσδ' ἐπιστᾶσαι πύλαις
ἀκούσαθ' οἷος κέλαδος ἐν δόμοις πίτνει.
ΧΟ. σὺ παρὰ κλῇθρα· σοὶ μέλει πομπίμα
φάτις δωμάτων.
ἔνεπε δ' ἔνεπέ μοι, τί ποτ' ἔβα κακόν;
ΦΑΙ. ὁ τῆς φιλίππου παῖς Ἀμαζόνος βοᾷ
Ἱππόλυτος, αὐδῶν δεινὰ πρόσπολον κακά.
ΧΟ. ἀχὰν μὲν κλύω, σαφὲς δ' οὐκ ἔχω

560. *τὰν Διογ.* *i.e.* Semele: Inspired by Hera, she begged Zeus to appear to her as he did to Hera. He complied with her request, and she was consumed by the lightning which accompanied him—hence the *νυμφ, ποτμ, φον*, wedded to a blood-stained fate.

562. *κατέλυσεν*, sc. *ἔπαυσεν.*

[560—614. The nurse has been out to tamper with Hippolytus. Phædra (565) hears his voice as he approaches. The nurse (600) tries to silence Hippolytus that Phædra may not hear that she has failed to conciliate his love.

563. So Monk. *δεινὰ* being nom. and *τὰ πάντα* acc. after *ἐπιπνεῖ.* "Terribly she breathes on all." Nauck has *δεινὰ γαρ πάνταγ' ἐπιπνεῖ.*

574. Take *φοβεῖ* to govern *φρένας, ἐπίσσυτος* standing alone: L. and S.' construction *ἐπίσσυτος φρένας* is rather forced.

576. *πομπίμα.* Curious passive use: Soph. *Trach.* 872, the only other instance.

γεγωνεῖν ὄπᾳ
διὰ πύλας ἔμολεν ἔμολε σοὶ βοά.
ΦΑΙ. καὶ μὴν σαφῶς γε τὴν κακῶν προμνήστριαν,
τὴν δεσπότου προδοῦσαν ἐξαυδᾷ λέχος,
ΧΟ. ὤμοι ἐγὼ κακῶν· προδέδοσαι, φίλα.
τί σοι μήσομαι;
τὰ κρύπτ' ἄρα πέφηνε, διὰ δ' ὄλλυσαι
ΦΑΙ. αἰαῖ, ἒ ἔ.
ΧΟ. πρόδοτος ἐκ φίλων.
ΦΑΙ. ἀπώλεσέν μ' εἰποῦσα συμφορὰς ἐμάς,
φίλως, καλῶς δ' οὐ τήνδ' ἰωμένη νόσον.
ΧΟ. πῶς οὖν; τί δράσεις, ὦ παθοῦσ' ἀμήχανα;
ΦΑΙ. οὐκ οἶδα πλὴν ἕν, κατθανεῖν ὅσον τάχος
τῶν νῦν παρόντων πημάτων ἄκος μόνον.
ΙΠ. ὦ γαῖα μῆτερ ἡλίου τ' ἀναπτυχαί,
οἵων λόγων ἄρρητον εἰσήκουσ' ὄπα.
ΤΡ. σίγησον, ὦ παῖ, πρίν τιν' αἰσθέσθαι βοῆς.
ΙΠ. οὐκ ἔστ' ἀκούσας δείν' ὅπως σιγήσομαι.
ΤΡ. ναὶ πρός σε τῆς σῆς δεξιᾶς εὐωλένου.
ΙΠ. οὐ μὴ προσοίσεις χεῖρα μηδ' ἅψει πέπλων;
ΤΡ. ὦ πρός σε γονάτων, μηδαμῶς μ' ἐξεργάσῃ.
ΙΠ. τί δ', εἴπερ ὡς φὴς μηδὲν εἴρηκας κακόν;

589. προμνήστριαν = a matchmaker of ills, Aristoph. *Nub.* 41 (Holden).

592. ἄρα, cf. 359, note.

597. φίλως, οὐ καλῶς. Phædra means that the remedy was offered in a kind spirit, but could not be accepted with honour, cf. infra. 695, also *Androm.* 586, *Orest.* 100.

605. πρὸς σε τῆς, κ. τ. λ. "I beseech thee by thy right arm:" πρὸς governs the genitive and σε is inserted between them, λίσσομαι or ἄντομαι being understood. This order is most common, see 607: sometimes the pronoun stands otherwise, as in 311, καί σε πρὸς θεῶν...λίσσομαι.

606. οὐ μὴ π. Cf. 213, note.

607. ὦ. Mr. Jebb on Soph. *Ajax*, 372, says ὦ is "a sign of the vocative less emphatic than 'oh,' used in the phrase ὦ πρὸς θεῶν, in questions, or with the Imperative whereas ὤ expresses surprise, joy, or pain, is an exclamation = our 'Oh.'"

ΤΡ. ὁ μῦθος, ὦ παῖ, κοινὸς οὐδαμῶς ὅδε.
ΙΠ. τά τοι κάλ' ἐν πολλοῖσι κάλλιον λέγειν.
ΤΡ. ὦ τέκνον, ὅρκους μηδαμῶς ἀτιμάσῃς,
ΙΠ. ἡ γλῶσσ' ὀμώμοχ', ἡ δὲ φρὴν ἀνώμοτος.
ΤΡ. ὦ παῖ, τί δράσεις; σοὺς φίλους διεργάσει;
ΙΠ. ἀπέπτυσ'· οὐδεὶς ἄδικός ἐστί μοι φίλος. 614
ΤΡ. σύγγνωθ' ἁμαρτεῖν εἰκὸς ἀνθρώπους, τέκνον.
ΙΠ. ὦ Ζεῦ, τί δὴ κίβδηλον ἀνθρώποις κακὸν
γυναῖκας εἰς φῶς ἡλίου κατῴκισας;
εἰ γὰρ βρότειον ἤθελες σπεῖραι γένος,
οὐκ ἐκ γυναικῶν χρῆν παρασχέσθαι τόδε,
ἀλλ' ἀντιθέντας σοῖσιν ἐν ναοῖς βροτοὺς
ἢ χρυσὸν ἢ σίδηρον ἢ χαλκοῦ βάρος
παίδων πρίασθαι σπέρμα, τοῦ τιμήματος

616—668. Euripides here by the mouth of Hippolytus expresses his hatred of women. Hippolytus recommends a way of procuring children, says that a simple woman makes the best wife, and that female servants should never be allowed to go near her.

612. ἀνώμοτος. My tongue took the oath, but my mind is unsworn, cf. *Medea*, 737. θεῶν ἀνώμοτος: Hippolytus at first seems disposed to break his oath, saying that it was forced upon him in ignorance of all the facts. In the end, however, (1060) he submits to exile rather than break this very oath.

614. ἀπέπτυσα. I reject the accusation: This use of the Aorist is different to that which is commented on at line 428: it is sometimes put in a present sense, even when it cannot be rendered "to be wont."

— Madvig, *Grk. Syntax*, § 335. *Rem. B.* says "The *first* person is sometimes applied to the expression of one's state of mind by words or gestures, occurring at the moment of speaking (the past tense referring to the preceding emotion, which is in the speaker's thoughts.

— Matth. Gr. Gr. § 506. "In Latin and English the present must be used here; but in Greek the Aorist seems to retain a sense very nearly allied to its proper one, of an action completely finished in which no alteration can be made. Compare use of ἐγέλασα ᾔνεσα ἥσθην, &c.

— Eur. *Med.* 273, 705. *Suppl.* 1170. *Orest.* 1687. *Hec.* 1276. Soph. *Ajax*, 536. *Elect.* 668.

619. For Euripides' ideas on women and generation of children, cf. *Medea*, 573—575.

— βροτοὺς I think goes with παρασχέσθαι as well as πρίασθαι.

— Translate "If you (Zeus) would have a crop of mortals, men need not have begotten them from women, they might have bought seed.

τῆς ἀξίας ἕκαστον· ἐν δὲ δώμασιν
ναίειν ἐλευθέροισι θηλειῶν ἄτερ.
[νῦν δ' εἰς δόμους μὲν πρῶτον ἄξεσθαι κακὸν
μέλλοντες ὄλβον δωμάτων ἐκτίνομεν.]
τούτῳ δὲ δῆλον ὡς γυνὴ κακὸν μέγα·
προσθεὶς γὰρ ὁ σπείρας τε καὶ θρέψας πατὴρ
φερνὰς ἀπῴκισ', ὡς ἀπαλλαχθῇ κακοῦ·
ὁ δ' αὖ λαβὼν ἀτηρὸν εἰς δόμους φυτὸν
γέγηθε κόσμον προστιθεὶς ἀγάλματι
καλὸν κακίστῳ καὶ πέπλοισιν ἐκπονεῖ
δύστηνος, ὄλβον δωμάτων ὑπεξελών.
ἔχει δ' ἀνάγκην, ὥστε κηδεύσας καλοῖς
γαμβροῖσι χαίρων σώζεται πικρὸν λέχος,
ἢ χρηστὰ λέκτρα, πενθεροὺς δ' ἀνωφελεῖς
λαβὼν πιέζει τἀγαθῷ τὸ δυστυχές.
ῥᾷστον δ' ὅτῳ τὸ μηδέν, ἀλλ' ἀνωφελὴς
εὐηθίᾳ κατ' οἶκον ἵδρυται γυνή.
σοφὴν δὲ μισῶ· μὴ γὰρ ἔν γ' ἐμοῖς δόμοις
εἴη φρονοῦσα πλεῖον ἢ γυναῖκα χρή.
τὸ γὰρ κακοῦργον μᾶλλον ἐντίκτει Κύπρις
ἐν ταῖς σοφαῖσιν· ἡ δ' ἀμήχανος γυνὴ
γνώμῃ βραχείᾳ μωρίαν ἀφῃρέθη.
χρῆν δ' εἰς γυναῖκα πρόσπολον μὲν οὐ περᾶν,
ἄφθογγα δ' αὐταῖς συγκατοικίζειν δάκη
θηρῶν, ἵν' εἶχον μήτε προσφωνεῖν τινα
μήτ' ἐξ ἐκείνων φθέγμα δέξασθαι πάλιν.

625. ἄξεσθαι. ἄγεσθαι, the regular word for marrying a wife.

626. ἐκτίνομεν. Monk reads ἐκτείνομεν. There is another ἐκπίνομεν = exhaurimus.

632. καλὸν κακίστῳ, for the juxta-position. Compare Soph. *O. T.* 1396. κάλλος κακῶν ὕπουλον.

646. δάκη, dangerous brutes, cf. Æsch. *Theb.* 553.

647. ἵν' εἶχον. Compare 930 for ἵνα or ὅπως with Imperf. Indicative in an impossible wish.

νῦν δ' αἱ μὲν ἔνδον δρῶσιν αἱ κακαὶ κακὰ
βουλεύματ', ἔξω δ' ἐκφέρουσι πρόσπολοι.
ὡς καὶ σύ γ' ἡμῖν πατρός, ὦ κακὸν κάρα,
λέκτρων ἀθίκτων ἦλθες εἰς συναλλαγάς·
ἁγὼ ῥυτοῖς νασμοῖσιν ἐξομόρξομαι,
εἰς ὦτα κλύζων. πῶς ἂν οὖν εἴην κακός,
ὃς οὐδ' ἀκούσας τοιάδ' ἁγνεύειν δοκῶ;
εὖ δ' ἴσθι, τοὐμόν σ' εὐσεβὲς σώζει, γύναι·
εἰ μὴ γὰρ ὅρκοις θεῶν ἄφρακτος ᾑρέθην,
οὐκ ἄν ποτ' ἔσχον μὴ οὐ τάδ' ἐξειπεῖν πατρί.
νῦν δ' ἐκ δόμων μέν, ἔστ' ἂν ἔκδημος χθονὸς
Θησεύς, ἄπειμι· σῖγα δ' ἕξομεν στόμα.
θεάσομαι δὲ σὺν πατρὸς μολὼν ποδὶ
πῶς νιν προσόψει καὶ σὺ καὶ δέσποινα σή·
τῆς σῆς δὲ τόλμης εἴσομαι γεγευμένος.
ὄλοισθε. μισῶν δ' οὔποτ' ἐμπλησθήσομαι
γυναῖκας, οὐδ' εἴ φησί τίς μ' ἀεὶ λέγειν·
ἀεὶ γὰρ οὖν πώς εἰσι κἀκεῖναι κακαί.
ἤ νύν τις αὐτὰς σωφρονεῖν διδαξάτω,
ἢ κἄμ' ἐάτω ταῖσδ' ἐπεμβαίνειν ἀεί.

ΦΑΙ. *τάλανες ὦ κακοτυχεῖς* *ἀντ.*
γυναικῶν πότμοι.
τίνας νῦν τέχνας ἔχομεν ἢ λόγους

650. ***ἐκφέρουσι***, publish abroad, cf. 295, cf. also Soph. ***Trach.*** 741.

655. ***οὐδ' ἀκούσας***, "not having even heard." ***οὐδέ*** is "not...either," or "not...even."

657. ***ἄφρακτος***. Supply ***ὤν***.

658. For ***μὴ οὐ***, cf. note 48 and 49. supra.

659. ***ἔστ' ἂν***, with verb understood, cf. ***Medea*** 1153, ***οὕσπερ ἂν πόσις σέθεν***.

666. ***κἀκεῖναι***. The ***καὶ*** seems to mark the parallelism between the two ***ἀεὶ*** clauses. If I seem to be constantly harping on the same theme, women are as constantly giving occasion thereto (by being ***κακαί***.)

667. ***νύν***. illative particle "then." The ***υ*** in this word is common.

σφαλεῖσαι κάθαμμα λύειν λόγου;
ἐτύχομεν δίκας· ἰὼ γᾶ καὶ φῶς.
πᾷ ποτ' ἐξαλύξω τύχας;
πῶς δὲ πῆμα κρύψω, φίλαι;
τίς ἂν θεῶν ἀρωγὸς ἢ τίς ἂν βροτῶν
πάρεδρος ἢ ξυνεργὸς ἀδίκων ἔργων
φανείη; τὸ γὰρ παρ' ἡμῖν πάθος
παρὸν δυσεκπέραντον ἔρχεται βίου.
κακοτυχεστάτα γυναικῶν ἐγώ.

ΧΟ. φεῦ φεῦ· πέπρακται, κοὐ κατώρθωνται τέχναι,
δέσποινα, τῆς σῆς προσπόλου, κακῶς δ' ἔχει.

ΦΑΙ. ὦ παγκακίστη καὶ φίλων διαφθορεῦ,
οἷ' εἰργάσω με. Ζεύς σ' ὁ γεννήτωρ ἐμὸς
πρόρριζον ἐκτρίψειεν οὐτάσας πυρί.
οὐκ εἶπον, οὐ σῆς προυνοησάμην φρενός,
σιγᾶν ἐφ' οἷσι νῦν ἐγὼ κακύνομαι;
σὺ δ' οὐκ ἀνέσχου· τοιγὰρ οὐκέτ' εὐκλεεῖς
θανούμεθ'. ἀλλὰ δεῖ με δὴ καινῶν λόγων.
οὗτος γὰρ ὀργῇ συντεθηγμένος φρένας
ἐρεῖ καθ' ἡμῶν πατρὶ σὰς ἁμαρτίας,
πλήσει δὲ πᾶσαν γαῖαν αἰσχίστων λόγων.
ὄλοιο καὶ σὺ χὤστις ἄκοντας φίλους
πρόθυμός ἐστι μὴ καλῶς εὐεργετεῖν.

ΤΡ. δέσποιν', ἔχεις μὲν τἀμὰ μέμψασθαι κακά·
τὸ γὰρ δάκνον σου τὴν διάγνωσιν κρατεῖ·
ἔχω δὲ κἀγὼ πρὸς τάδ', εἰ δέξει, λέγειν.
ἔθρεψά σ' εὔνους τ' εἰμί· τῆς νόσου δέ σοι
ζητοῦσα φάρμαχ' εὗρον οὐχ ἁβουλόμην.

682. **διαφθορεῦ.** Monk says Euripides always has διαφθορά.

687. οὐκέτι = no longer, "(so after what has happened) I shall lose all chance of dying with a good name."

694. **μὴ καλῶς εὐεργετεῖν**, to confer a benefit by improper means.

691. ἐρεῖ δὲ Πιτθεῖ τῷ γέροντι συμφοράς,

εἰ δ' εὖ γ' ἔπραξα, κάρτ' ἂν ἐν σοφοῖσιν ἦν·
πρὸς τὰς τύχας γὰρ τὰς φρένας κεκτήμεθα.

ΦΑΙ. ἦ καὶ δίκαια ταῦτα κἀξαρκοῦντά μοι,
τρώσασαν ἡμᾶς εἶτα συγχωρεῖν λόγοις;

ΤΡ. μακρηγοροῦμεν· οὐκ ἐσωφρόνουν ἐγώ,
ἀλλ' ἔστι κἀκ τῶνδ' ὥστε σωθῆναι, τέκνον.

ΦΑΙ. παῦσαι λέγουσα· καὶ τὰ πρὶν γὰρ οὐ καλῶς
παρῄνεσάς μοι κἀπεχείρησας κακά.
ἀλλ' ἐκποδὼν ἄπελθε καὶ σαυτῆς πέρι
φρόντιζ'· ἐγὼ γὰρ τἀμὰ θήσομαι καλῶς.
ὑμεῖς δέ, παῖδες εὐγενεῖς Τροιζήνιαι,
τοσόνδε μοι παράσχετ' ἐξαιτουμένῃ,
σιγῇ καλύπτειν ἁνθάδ' εἰσηκούσατε.

ΧΟ. ὄμνυμι σεμνὴν Ἄρτεμιν Διὸς κόρην,
μηδὲν κακῶν σῶν εἰς φάος δείξειν ποτέ.

ΦΑΙ. καλῶς ἔλεξας. ἓν δὲ προτρέπουσ' ἐγὼ
εὕρημα [δῆτα] τῆσδε συμφορᾶς ἔχω,
ὥστ' εὐκλεᾶ μὲν παισὶ προσθεῖναι βίον,
αὐτή τ' ὄνασθαι πρὸς τὰ νῦν πεπτωκότα.
οὐ γάρ ποτ' αἰσχυνῶ γε Κρησίους δόμους,
οὐδ' εἰς πρόσωπον Θησέως ἀφίξομαι
αἰσχροῖς ἐπ' ἔργοις οὕνεκα ψυχῆς μιᾶς.

701. πρὸς τὰς τύχας, "in proportion to the result" = Latin "pro rerum exitu." Eur. *Helen.* 321.

713. ὄμνυμι with acc. "call as a witness," so "swear by," cf. Hom. *Iliad* xiv. 271. and xxiii. 585, Æsch. *Theb.* 529, Soph. *Trach.* 1185, *Demosth.* 301, i.

N.B.—In Prose we meet more commonly κατὰ with Gen. or Acc.; εἰς with Acc., &c.

715. προτρέπουσ' ἐγώ. "Turning about in one's mind;" Monk reads this, but suggests προσκοποῦσα. Mr. Paley reads προστρέπουσα, sc. (τὸν νοῦν) = animadvertens. The Scholiast explains προτρέπουσα as "searching out," ἐξερευνῶσα.

— καλῶς ἔλεξας almost = "Thank you."

718. πρὸς τὰ νῦν πεπτ. = (seeing what has now fallen out). This is a metaphor from dice, cf. *Medea* 55. Eurip. *Elect.* 1101.

720. οὐδ' εἰς προσ. I will not face Theseus after my disgraceful conduct simply to save one person's life (*i.e.* her own).

ΧΟ. μέλλεις δὲ δή τι δρᾶν ἀνήκεστον κακόν;
ΦΑΙ. θανεῖν· ὅπως δέ, τοῦτ' ἐγὼ βουλεύσομαι.
ΧΟ. εὔφημος ἴσθι.
ΦΑΙ. καὶ σύ γ' εὖ με νουθέτει.
ἐγὼ δὲ Κύπριν, ἥπερ ἐξόλλυσί με,
ψυχῆς ἀπαλλαχθεῖσα τῇδ' ἐν ἡμέρᾳ
τέρψω· πικροῦ δ' ἔρωτος ἡσσηθήσομαι.
ἀτὰρ κακόν γε χἀτέρῳ γενήσομαι
θανοῦσ', ἵν' εἰδῇ μὴ 'πὶ τοῖς ἐμοῖς κακοῖς
ὑψηλὸς εἶναι· τῆς νόσου δὲ τῆσδέ μοι
κοινῇ μετασχὼν σωφρονεῖν μαθήσεται.
ΧΟ. ἠλιβάτοις ὑπὸ κευθμῶσι γενοίμαν, στρ.
ἵνα με πτεροῦσσαν ὄρνιν
θεὸς εἰνὶ ποταναῖς ἀγέλαις θείη.
ἀρθείην δ' ἐπὶ πόντιον
κῦμα τᾶς 'Αδριηνᾶς
ἀκτᾶς 'Ηριδανοῦ θ' ὕδωρ·
ἔνθα πορφύρεον σταλάσσουσ'
εἰς οἶδμα πατρὸς τάλαιναι
κόραι Φαέθοντος οἴκτῳ δακρύων
τὰς ἠλεκτροφαεῖς αὐγάς.

724. εὔφημος ἴσθι, (*lit.* keep a religious silence), cf. Favete linguis. Horace iii. 1, 2. Translate "Hush! don't say such things."

— καὶ σύ γε. She asks for advice from the chorus, because the nurse's counsel was bad.

728. χἀτέρῳ, *i.e.* 'Ιππολύτῳ.

731. σωφρονεῖν μαθήσ. Cf. Æsch. *Agam.* 1398 (Paley).

732—775. The Chorus (Phædra having gone to hang herself) wish they could fly to some happy place. They regret the evil omen with which Phædra came to Athens.

736. Some people suppose the Eridanus to have been a fabulous stream not the Po, though 'Αδριην ἀκτ makes it probable that the Po is meant here. The Romans got amber from the Baltic.

741. The sisters of Phæthon were changed into poplars and supposed to weep Amber. Compare Martial iv. 32, 59; vi. 15.

743. ἀνύσαιμι (sc. ὁδὸν) "make one's way to a place." Compare Soph. *Trach.* 657. *O. C.* 1562.

Ἑσπερίδων δ' ἐπὶ μηλόσπορον ἀκτὰν ἀντ.
ἀνύσαιμι τᾶν ἀοιδῶν,
ἵν' ὁ ποντομέδων πορφυρέας λίμνας
ναύταις οὐκέθ' ὁδὸν νέμει
σεμνὸν τέρμονα ναίων
οὐρανοῦ, τὸν Ἄτλας ἔχει,
κρῆναί τ' ἀμβρόσιαι χέονται
Ζηνὸς μελάθρων παρὰ κοίταις,
ἵν' ὀλβιόδωρος αὔξει ζαθέα
χθὼν εὐδαιμονίαν θεοῖς.
ὦ λευκόπτερε Κρησία στρ.
πορθμίς, ἃ διὰ πόντιον
κῦμ' ἀλίκτυπον ἅλμας
ἐπόρευσας ἐμὰν ἄνασσαν
ὀλβίων ἀπ' οἴκων,
κακονυμφοτάταν ὄνασιν.
ἦ γὰρ ἀπ' ἀμφοτέρων ἢ
Κρησίας ἐκ γᾶς δύσορνις
ἔπτατο κλεινὰς Ἀθήνας
Μουνύχου δ' ἀκταῖσιν ἐκδή—
σαντο πλεκτὰς πεισμάτων ἀρ—

746. ναίων. "Inhabiting." Another reading which Mr. Paley adopts is κύρων with acc. = ἔχων, cf. Æsch. *Chœph.* 206, 714., *Thebæ* 699.

747. Notice τὸν for ὅν. Before κρῆναι understand ἵνα from τὸν in the preceding line.

750. ζαθέα χθών, called divine because the earth and heavens are supposed to touch there, (*i.e.* to a Greek looking out on the Atlantic the sky and sea appeared to meet at the horizon; and they knew no land beyond:— θεοῖς, some people suggest θνατοῖς.

757. ὄνασιν is accusative in apposition to the sentence.

760. κλεινὰς Ἀθάνας, cf. 1094. This is a favourite epithet at Athens. Compare λιπαραί, Pindar I. 2, 30; Aristoph. *Ach.* 639. For the constant praise of Athens by the Athenian poets who had to depend on an Athenian audience, cf, Soph. *Elect.* 730.

761. Munychus was a hero Eponymus at Athens. He gave his name to the port by the Piræus.

762. ἀρχὰς πλεκτ. πεισμ. Twisted ends of ropes: for this sense of ἀρχας, cf. Herod. iv. 60.

χὰς ἐπ' ἀπείρου τε γᾶς ἔβασαν.
ἀνθ ὧν οὐχ ὁσίων ἐρώ— ἀντ.
των δεινᾷ φρένας 'Αφροδί—
τας νόσῳ κατεκλάσθη·
χαλεπᾷ δ' ὑπέραντλος οὖσα
συμφορᾷ, τεράμνων
ἀπὸ νυμφιδίων κρεμαστὸν
ἅψεται ἀμφὶ βρόχον λευ—
κᾷ καθαρμόζουσα δείρᾳ,
δαίμονα στυγνὰν καταιδε—
σθεῖσα τάν τ' εὔδοξον ἀνθαι—
ρουμένα φάμαν ἀπαλλάσ—
σουσά τ' ἀλγεινὸν φρενῶν ἔρωτα.
ΕΞ. ἰοὺ ἰού·
βοηδρομεῖτε πάντες οἱ πέλας δόμων·
ἐν ἀγχόναις δέσποινα, Θησέως δάμαρ.
ΧΟ. φεῦ φεῦ, πέπρακται· βασιλὶς οὐκέτ' ἔστι δὴ
γυνή, κρεμαστοῖς ἐν βρόχοις ἠρτημένη.
ΕΞ. οὐ σπεύσετ'; οὐκ οἴσει τις ἀμφιδέξιον
σίδηρον, ᾧ τόδ' ἅμμα λύσομεν δέρης;
ΗΜΙΧ. φίλαι, τί δρῶμεν; ἦ δοκεῖ περᾶν δόμους

764. κατεκλάσθη. She was crushed in heart with a malady of unholy love sent by Aphrodite. Notice the double genitive, δσ, ἐρωτ and 'Αφροδ.

770. ἅψεται ἀμφὶ. ἀμφὶ goes with the verb "fasten around."

772. στυγνὰν δαίμονα καταιδ. "Yielding to the spleen of the goddess (Cupris), and so accepting her destiny."

775. ἀπαλλ. ἐρ. φρεν." Driving love from her mind," cf. *Medea* 27, ἀπαλλάσσουσα γῆς πρόσωπον.

780. ἀμφιδέξιον = anceps. either (α) "ambiguous" (of an oracle) or (β) "two-edged" of a sword, cf. Herod. 5, 92, 19.

A messenger announces that Phædra has hanged herself (780). The chorus consult as to what they should do. Theseus coming up asks the cause of the uproar (790). The chorus break the news to him (800). Theseus finds on the corpse a letter accusing Hippolytus of having violated his nuptial couch (855).

782. δόμους περᾶν = "go *to* the house," cf. Phœnissæ 299, μέλαθρα περᾶν.
— τί δρῶμεν: (deliberative subjunctive). What are we to do? Madvig

λῦσαί τ' ἄνασσαν ἐξ ἐπισπαστῶν βρόχων;
HMIX. τί δ'; οὐ πάρεισι πρόσπολοι νεανίαι;
τὸ πολλὰ πράσσειν οὐκ ἐν ἀσφαλεῖ βίου.
ΕΞ. ὀρθώσατ' ἐκτείναντες ἄθλιον νέκυν,
πικρὸν τόδ' οἰκούρημα δεσπόταις ἐμοῖς.
ΧΟ. ὄλωλεν ἡ δύστηνος, ὡς κλύω, γυνή·
ἤδη γὰρ ὡς νεκρόν νιν ἐκτείνουσι δή.
ΘΗ. γυναῖκες, ἴστε τίς ποτ' ἐν δόμοις βοή;
ἠχὼ βαρεῖα προσπόλων μ' ἀφίκετο.
οὐ γάρ τί μ' ὡς θεωρὸν ἀξιοῖ δόμος
πύλας ἀνοίξας εὐφρόνως προσεννέπειν.
μῶν Πιτθέως τι γῆρας εἴργασται νέον;
πρόσω μὲν ἤδη βίοτος, ἀλλ' ὅμως ἔτ' ἂν
λυπηρὸς ἡμῖν τούσδ' ἂν ἐκλίποι δόμους.
ΧΟ. οὐκ εἰς γέροντας ἥδε σοι τείνει τύχη,
Θησεῦ· νέοι θανόντες ἀλγυνοῦσί σε.

Grk. Syntax, § 121, calls this construction Subjunct-dubitativus, and says "The Subjunctive is used in simple interrogations or in doubting questions (expressing disapprobation, denial, displeasure) of that which *shall* come to pass, or *is to be* done, both when the questions are *direct*, and when *dependent* on a leading verb in the present or future. Compare 178 supra. *τί δράσω;* Soph. *Phil.* 969, also *τί φῶ; τι δρῶ; πῶς οὖν......λέγωμεν καὶ πῶς ποιῶμεν*, Plato *Phil.* 63, and *πόθεν οὖν τις ἄρξηται;* Plat. *Phil.* 15.

787. *οἰκούρημα*. This will make a sad housekeeping for my master (Theseus) *οικ* = here "a watching or keeping the house." In *Orest.* 928, *οἰκουρήματα φθείρειν* = to pervert the stay-at-homes, *i.e.* the women.

790. Theseus is introduced for the first time. He has just returned from a "Theoria," or pilgrimage to some shrine (cf. 792 and 807), probably to obtain pardon for slaying his kinsman Pallas, which act was the cause of his present visit to Trœzen.

794. *μῶν γῆρας......εἴργασται.* "Has the aged Pittheus had any harm done him? For *πιτθεως γῆρας*, cf. Juvenal *Sat.* iv. 81, venit Crispi jucunda senectus, and *Sat.* x. 75, si oppressa foret secura senectus Principis.

797. *σοι* (ethic dative). "You will find that this event has no reference to aged persons." The dative of the personal pronouns, especially of the first person, is used to denote a certain participation, and an interest in the person speaking, spoken to, or spoken of, cf. Demosth. 18, 178. *δούτῳ πάνυ μοι προσέχετε τὸν νοῦν.* Plato *Resp.* 3, 389. *Σωφροσύνης ἄρα οὐ δεήσει ἡμῖν τοῖς νεανίαις.* Compare in Latin, Hor. *Ep.* 1, 3, 15, "quid mihi Celsus agit."

ΘΗ. οἴμοι· τέκνων μοι μή τι συλᾶται βίος;
ΧΟ. ζῶσιν, θανούσης μητρὸς ὡς ἄλγιστά σοι.
ΘΗ. τί φής; ὄλωλεν ἄλοχος; ἐκ τίνος τύχης;
ΧΟ. βρόχον κρεμαστὸν ἀγχόνης ἀνήψατο.
ΘΗ. λύπῃ παχνωθεῖσ' ἢ ἀπὸ συμφορᾶς τίνος;
ΧΟ. τοσοῦτον ἴσμεν· ἄρτι γὰρ κἀγὼ δόμοις,
Θησεῦ, πάρειμι σῶν κακῶν πενθήτρια.
ΘΗ. αἰαῖ· τί δῆτα τοῖσδ' ἀνέστεμμαι κάρα
πλεκτοῖσι φύλλοις, δυστυχὴς θεωρὸς ὤν;
χαλᾶτε κλεῖθρα, πρόσπολοι, πυλωμάτων,
ἐκλύεθ' ἁρμούς, ὡς ἴδω πικρὰν θέαν
γυναικός, ἥ με κατθανοῦσ' ἀπώλεσεν.
ΧΟ. ἰὼ ἰὼ τάλαινα μελέων κακῶν·
ἔπαθες, εἰργάσω
τοσοῦτον ὥστε τούσδε συγχέαι δόμους.
αἰαῖ τόλμας, ὦ βιαίως θανοῦσ'
ἀνοσίῳ τε συμφορᾷ, σᾶς χερὸς
πάλαισμα μελέας.
τίς ἄρα σάν, τάλαιν', ἀμαυροῖ ζοάν;
ΘΗ. ὤμοι ἐγὼ πόνων· ἔπαθον, ὦ πόλις,
τὰ μάκιστ' ἐμῶν κακῶν. ὦ τύχα,
ὥς μοι βαρεῖα καὶ δόμοις ἐπεστάθης,
κηλὶς ἄφραστος ἐξ ἀλαστόρων τινός.

799. μὴ interrogative = μῶν, cf. Æsch. *Pers.* 346, *Pr. Vinct.* 980.

803. παχνωθεῖσα, (*lit.*) congealed, sc. "frozen with grief," Æsch. *Cho.* 75.

806. κάρα ἀνεστ. φυλλ. cf. Soph. *O. T.* 82.

807. θεωρὸς, a pilgrim, cf. 790 supra.

809. ἁρμούς = fastenings, Soph. *Ant.* 1216, for the phrase ἐκλύεθ' ἁρμούς, Eur. *Med.* 1315.

815. ἀνοσ. συμφ. An offence against the laws of heaven, as opposed to those of men.

816. ζοάν, not ζωήν. Porson on *Hecuba*, 1090, argues for the short ο. Compare Mr. Paley's note, *Medea* 976, where he gives examples to support ζοά.

820. ἄφραστος. That passes words, cf. Æsch. *Pers.* 167, μέριμν' ἀφραστός.

κατακονὰ μὲν οὖν ἀβίοτος βίου·
κακῶν δ' ὦ τάλας πέλαγος εἰσορῶ
τοσοῦτον ὥστε μήποτ' ἐκνεῦσαι πάλιν
μηδ' ἐκπερᾶσαι κῦμα τῆσδε συμφορᾶς.
τίνα λόγον τάλας, τίνα τύχαν σέθεν
βαρύποτμον, γύναι, προσαυδῶν τύχω;
ὄρνις γὰρ ὥς τις ἐκ χερῶν ἄφαντος εἶ,
πήδημ' ἐς Ἅιδου κραιπνὸν ὁρμήσασά μοι.
αἰαῖ αἰαῖ, μέλεα μέλεα τάδε πάθη.
πρόσωθεν δέ ποθεν ἀνακομίζομαι
τύχαν δαιμόνων
ἀμπλακίαισι τῶν πάροιθέν τινος.

ΧΟ. οὐ σοὶ τάδ', ὦναξ, ἦλθε δὴ μόνῳ κακά·
πολλῶν μετ' ἄλλων δ' ὤλεσας κεδνὸν λέχος.

ΘΗ. τὸ κατὰ γᾶς θέλω, τὸ κατὰ γᾶς κνέφας
μετοικεῖν σκότῳ θανὼν ὁ τλάμων,
τῆς σῆς στερηθεὶς φιλτάτης ὁμιλίας·
ἀπώλεσας γὰρ μᾶλλον ἢ κατέφθισο.
τίνος δὴ κλύω; πόθεν θανάσιμος
τύχα σὰν ἔβα, γύναι, καρδίαν;
εἴποι τις ἂν τὸ πραχθέν, ἢ μάτην ὄχλον
στέγει τύραννον δῶμα προσπόλων ἐμῶν;
ὤμοι μοι σέθεν
μέλεος, οἷον εἶδον ἄλγος δόμων,
οὐ τλητὸν οὐδὲ ῥητόν· ἀλλ' ἀπωλόμην·

827. τύχω (sc. τοῦ σκοποῦ) "shall I hit the mark," "be right." *Iphig. Aulis*, 1337.

829. πήδημα, cf. *Andromache*, 1139.

831. ἀνακομίζομαι (good instance of Middle voice) "receive back for myself." The middle means to do or get done something for *one's own sake*, ἀνα means back again, where due. Compare the Latin reddo, = give back where due.

833. The ancients seem to have had an idea that Nemesis slumbered and ever and anon broke out, cf. Æsch. *Eum.* 894.

---

825. ἐκλύεθ' ἁρμούς, ὡς ἴδω πικρὰν θέαν.

ἔρημος οἶκος, καὶ τέκν' ὀρφανεύεται.
XO. [ἔλιπες] ἔλιπες, ὦ φίλα
γυναικῶν ἀρίστα θ' ὁπόσας ἐφορᾷ
φέγγος ἀελίου τε καὶ
νυκτὸς ἀστερωπὸς σελάνα.
τάλας. ὦ τάλας· ὅσον κακὸν ἔχει δόμος.
δάκρυσί μου βλέφαρα
καταχυθέντα τέγγεται σᾷ τύχᾳ·
τὸ δ' ἐπὶ τῷδε πῆμα φρίσσω πάλαι.
ΘΗ. ἔα ἔα·
τί δή ποθ'; ἥδε δέλτος ἐκ φίλης χερὸς
ἠρτημένη θέλει τι σημῆναι νέον;
ἀλλ' ἦ λέχους μοι καὶ τέκνων ἐπιστολὰς
ἔγραψεν ἡ δύστηνος ἐξαιτουμένη;
θάρσει, τάλαινα· λέκτρα γὰρ τὰ Θησέως
οὐκ ἔστι δῶμά θ' ἥτις εἴσεισιν γυνή.
καὶ μὴν τύποι γε σφενδόνης χρυσηλάτου
τῆς οὐκέτ' οὔσης τῆσδε προσσαίνουσί με.
φέρ', ἐξελίξας περιβολὰς σφραγισμάτων
ἴδω τί λέξαι δέλτος ἥδε μοι θέλει.
XO. φεῦ φεῦ· * τόδ' αὖ νεοχμὸν ἐκδοχαῖς
ἐπιφέρει θεὸς κακόν. ἐμοὶ μὲν οὖν
ἀβίοτος βίου τύχα πρὸς τὸ κρανθὲν εἴη τυχεῖν.

846. *οὐδὲ ῥητόν.* But not to be told, cf. 875 infra. Here οὐδὲ = ἀλλ' οὐ. Compare Mr. Jebb on Soph. *Ajax*, 224, where for οὐδὲ φευκτάν he compares *Iliad* xxiv. 25, and Thuc. iv. 85, οὐκ ἐπὶ κακῷ, ἐπ' ἐλευθερώσει δέ.

857. *δέλτος.* Greek tablets were so called from their resemblance in shape to the Greek letter Δ. The plural δέλτοι is found more commonly, cf. (Latin) "pugillares." Mr. Paley removes the stop from ποθ' and places it after ἠρτημένη.

859. *λέχους καὶ τέκνων* (περὶ understood). Did the wretched woman write a note asking about her marriage bed and her children.

N.B. Some people think that λέχους and τέκνων depend on ἐπιστολάς.

862. *σφενδόνη.* The bezel of a ring, = Cicero's pala, cf. Plato *Rep.* 2, 59. For περιβ, σφραγ, cf. Eur. *Ion.* 1133.

866. *νεοχμὸν = νέον.* Never found in good Attic Prose. ἐκδοχαῖς = by successions, cf. Æsch. *Agam.* 290.

868. ἂν appears to be omitted with εἴη. Some think it is not necessary. Compare 469 note.

ὀλομένους γάρ, οὐκέτ' ὄντας λέγω,
φεῦ φεῦ, τῶν ἐμῶν τυράννων δόμους.
ὦ δαῖμον, εἴ πως ἔστι, μὴ σφήλῃς δόμους,
αἰτουμένης δὲ κλῦθί μου· πρὸς γάρ τινος
οἰωνὸν ὥστε μάντις εἰσορῶ κακόν.

ΘΗ. οἴμοι· τόδ' οἷον ἄλλο πρὸς κακῷ κακόν,
οὐ τλητὸν οὐδὲ λεκτόν. ὢ τάλας ἐγώ.

ΧΟ. τί χρῆμα; λέξον, εἴ τί μοι λόγου μέτα.

ΘΗ. βοᾷ βοᾷ δέλτος ἄλαστα. πᾷ φύγω
βάρος κακῶν; ἀπὸ γὰρ ὀλόμενος οἴχομαι,
οἷον οἷον εἶδον ἐν γραφαῖς μέλος
φθεγγόμενον τλάμων.

ΧΟ. αἰαῖ, κακῶν ἀρχηγὸν ἐκφαίνεις λόγον.

ΘΗ. τόδε μὲν οὐκέτι στόματος ἐν πύλαις
καθέξω δυσεκπέραντον, ὀλοὸν
κακόν· ἰὼ πόλις.
Ἱππόλυτος εὐνῆς τῆς ἐμῆς ἔτλη θιγεῖν
βίᾳ, τὸ σεμνὸν Ζηνὸς ὄμμ' ἀτιμάσας.
ἀλλ' ὦ πάτερ Πόσειδον, ἃς ἐμοί ποτε
ἀρὰς ὑπέσχου τρεῖς, μιᾷ κατέργασαι
τούτων ἐμὸν παῖδ', ἡμέραν δὲ μὴ φύγοι
τήνδ', εἴπερ ἡμῖν ὤπασας σαφεῖς ἀράς.

ΧΟ. ἄναξ, ἀπεύχου ταῦτα πρὸς θεῶν πάλιν·
γνώσει γὰρ αὖθις ἀμπλακών. ἐμοὶ πιθοῦ.

ΘΗ. οὐκ ἔστι· καὶ πρός γ' ἐξελῶ σφε τῆσδε γῆς,
δυοῖν δὲ μοίραιν θατέρᾳ πεπλήξεται·
ἢ γὰρ Ποσειδῶν αὐτὸν εἰς Ἅιδου δόμους

881. ἀρχηγὸν. A starting point.

887. ἀλλ' ὦ πάτερ, the appealing ἀλλά, cf. Soph. *Elect.*, 387, 410, 415, 431.

891. ἀπεύχου. "recall your curse," *lit.* curse back again. αὖθις, hereafter "presently."

893. οὐκ ἔστι *c'est impossible.* Poseidon had promised Theseus three wishes, but nothing more.

θανόντα πέμψει τὰς ἐμὰς ἀρὰς σέβων,
ἢ τῆσδε χώρας ἐκπεσὼν ἀλώμενος
ξένην ἐπ' αἶαν λυπρὸν ἀντλήσει βίον.
ΧΟ. καὶ μὴν ὅδ' αὐτὸς παῖς σὸς εἰς καιρὸν πάρα,
Ἱππόλυτος· ὀργῆς δ' ἐξανεὶς κακῆς, ἄναξ
Θησεῦ, τὸ λῷστον σοῖσι βούλευσαι δόμοις.
ΙΠ. κραυγῆς ἀκούσας σῆς ἀφικόμην, πάτερ,
σπουδῇ· τὸ μέντοι πρᾶγμ' ἐφ' ᾧτινι στένεις
οὐκ οἶδα, βουλοίμην δ' ἂν ἐκ σέθεν κλύειν.
ἔα, τί χρῆμα; σὴν δάμαρθ' ὁρῶ, πάτερ,
νεκρόν· μεγίστου θαύματος τόδ' ἄξιον·
ἣν ἀρτίως ἔλειπον, ἣ φάος τόδε
οὔπω χρόνον παλαιὸν εἰσεδέρκετο.
τί χρῆμα πάσχει; τῷ τρόπῳ διόλλυται;
πάτερ, πυθέσθαι βούλομαι σέθεν πάρα.
σιγᾷς; σιωπῆς δ' οὐδὲν ἔργον ἐν κακοῖς·

897. ἐκπίπτειν γῆς = To be banished. This is the regular passive of ἐκβάλλειν γῆς. Compare διώκειν, φεύγειν, τίθεναι, κεῖσθαι, &c.

899. καὶ μὴν introduces a fresh person on the stage. But see! here comes; αὐτὸς "*in person*," Here is the very man at the nick of time, to defend himself against this charge.

— εἰς καιρὸν. In the nick of time, cf. Eur. *Troad*, 739, ἐν καιρῷ Æsch. *Pr. V.* 379. πρὸς καιρὸν Soph. *Ajax*. 38, *Trach*. 59. καιρῷ, Soph. *O.T.* 1516, Thuc. iv. 59, καιρὸν Soph. *Ajax* 34.

900—935. Hippolytus comes in and asks what is the matter. Theseus believing the statements in Phædra's letter, declaims against people who pretend to be better than their neighbours. 936—980, He pursues this general strain until (943) his passion gets too much for him, and he ends (980) by banishing Hippolytus.

900. ὀργῆς δ' ἐξανεὶς = Latin "remissus," cf. Soph. *Phil*. 705, ἀνίκ' ἐξανέιη.

901. βουλεῦσαι. "Deliberate," βουλεῦειν = "to give advice," βουλεύεσθαι to give advice *to oneself*, so "deliberate."

903. ἐφ' ᾧ τινι, ᾧ τινι for ὅτῳ is not found in any other passage, therefore some read ἐφ' ᾧ τὰ νῦν.

908. χρόνον παλαιὸν. Referring to time more or less past, according to circumstances, here οὔπω, π, χ = just now. Compare *Iph. Aulis*, 419. Homer uses παλαιός (of persons) in sense, "aged:" It also occurs in the phrase ἀρχαῖα καὶ παλαιά, prisca et vetusta = "ancient," so time-honoured, venerable.

911. σιγᾷς. I should prefer a comma after σιγᾷς. "You are silent, yet &c.

ἡ γὰρ ποθοῦσα πάντα καρδία κλύειν
κἀν τοῖς κακοῖσι λίχνος οὖσ' ἁλίσκεται.
οὐ μὴν φίλους γε κἄτι μᾶλλον ἢ φίλους
κρύπτειν δίκαιον σὰς πάτερ δυσπραξίας.

ΘΗ. ὦ πόλλ' ἁμαρτάνοντες ἄνθρωποι μάτην,
τί δὴ τέχνας μὲν μυρίας διδάσκετε
καὶ πάντα μηχανᾶσθε κἀξευρίσκετε,
ἓν δ' οὐκ ἐπίστασθ' οὐδ' ἐθηράσασθέ πω,
φρονεῖν διδάσκειν οἷσιν οὐκ ἔνεστι νοῦς;

ΙΠ. δεινὸν σοφιστὴν εἶπας, ὅστις εὖ φρονεῖν
τοὺς μὴ φρονοῦντας δυνατός ἐστ' ἀναγκάσαι.
ἀλλ' οὐ γὰρ ἐν δέοντι λεπτουργεῖς, πάτερ,
δέδοικα μή σου γλῶσσ' ὑπερβάλῃ κακοῖς.

ΘΗ. φεῦ, χρῆν βροτοῖσι τῶν φίλων τεκμήριον
σαφές τι κεῖσθαι καὶ διάγνωσιν φρενῶν,
ὅστις τ' ἀληθής ἐστιν ὅς τε μὴ φίλος·
δισσάς τε φωνὰς πάντας ἀνθρώπους ἔχειν,
τὴν μὲν δικαίαν, τὴν δ' ὅπως ἐτύγχανεν,
ὡς ἡ φρονοῦσα τἄδικ' ἐξηλέγχετο
πρὸς τῆς δικαίας, κοὐκ ἂν ἠπατώμεθα.

913. λίχνος = "greedy," then "curious" (Monk), cf. Pl. *Rep.* 3, 54, *B*; 5, 79, *B*.

921. σοφιστής. This term was already beginning to have an invidious sense. It was originally applied to one who was a master in his craft, clever at his own business; it then was applied to a class of men who taught the arts and sciences for money. These men later on from their habit of opposing and perverting truth, fell into disrespect, and were attacked by Plato and Aristophanes.

925. τεκμήριον (τέκμαρ, a landmark) in its philosophical use = "a sure and certain proof," σημεῖον = evidence of anything which may or may not be true.

929. ὅπως ἐτύγχανεν. To suit the occasion from time to time, *i.e.* really unjust," cf. Demosth. *Fals. legat* 428, Plato *Gorg.* 514 *E*.

930. ὡς......ἐξηλέγχετο: ἵνα ὡς, ὅπως are used with the indicative Imperfect or Aorist after a past tense, to denote something which would have happened, if something else had happened, which did not happen. Compare Plat. *Euth.* 304. ἵν' ἤκουσας, and Plato *Crito*, 44, Demosth. *Aphob.* *B* 837, ἵνα ......ἦν εἰς τὰ γραμματα, κ. τ. λ.

ΙΠ. ἀλλ' ἤ τις εἰς σὸν οὖς με διαβαλὼν ἔχει
φίλων, νοσοῦμεν δ' οὐδὲν ὄντες αἴτιοι;
ἔκ τοι πέπληγμαι· σοὶ γὰρ ἐκπλήσσουσί με
λόγοι παραλλάσσοντες ἔξεδροι φρενῶν.

ΘΗ. φεῦ τῆς βροτείας (ποῖ προβήσεται;) φρενός·
τί τέρμα τόλμης καὶ θράσους γενήσεται;
εἰ γὰρ κατ' ἀνδρὸς βίοτον ἐξογκώσεται,
ὁ δ' ὕστερος τοῦ πρόσθεν εἰς ὑπερβολὴν
πανοῦργος ἔσται, θεοῖσι προσβαλεῖν χθονὶ
ἄλλην δεήσει γαῖαν, ἣ χωρήσεται
τοὺς μὴ δικαίους καὶ κακοὺς πεφυκότας.
σκέψασθε δ' εἰς τόνδ', ὅστις ἐξ ἐμοῦ γεγὼς
ἤσχυνε τἀμὰ λέκτρα κἀξελέγχεται
πρὸς τῆς θανούσης ἐμφανῶς κάκιστος ὤν.
δεῖξον δ', ἐπειδή γ' εἰς μίασμ' ἐλήλυθας,
τὸ σὸν πρόσωπον δεῦρ' ἐναντίον πατρί.
σὺ δὴ θεοῖσιν ὡς περισσὸς ὢν ἀνὴρ
ξύνει; σὺ σώφρων καὶ κακῶν ἀκήρατος;
οὐκ ἂν πιθοίμην τοῖσι σοῖς κομποις ἐγὼ
θεοῖσι προσθεὶς ἀμαθίαν φρονεῖν κακῶς.
ἤδη νυν αὔχει καὶ δι' ἀψύχου βορᾶς
σίτοις καπήλευ', Ὀρφέα τ' ἄνακτ' ἔχων
βάκχευε πολλῶν γραμμάτων τιμῶν καπνούς·

934. τοι. Usually a confidential particle. "Let me tell you," "Believe me."

941. χωρήσεται. Have room for, "contain."

948—49. σὺ δή. You indeed! you, &c. Notice the bitter emphasis on the σύ.

953. ὀρφέα. Monk says that, "according to the Scholiast, the Pythagoreans are meant who abstained from flesh. Horace *Art. Poet.* 391, "*Silvestres homines sacer interpresque deorum cædibus et victu fœdo deterruit Orpheus.* Valckenaer, quoting Herodot. ii. 81, says the Bacchici, Orphici and Pythagorici all had the same origin.

954 καπνούς. He calls these ceremonies vain (*lit.* smoke), because he imagines that, notwithstanding his piety, he has caught Hippolytus in crime, ἐπεί γ' ἐλήφθης.

ἐπεί γ' ἐλήφθης. τοὺς δὲ τοιούτους ἐγὼ
φεύγειν προφωνῶ πᾶσι· θηρεύουσι γὰρ
σεμνοῖς λόγοισιν, αἰσχρὰ μηχανώμενοι.
τέθνηκεν ἥδε· τοῦτό σ' ἐκσώσειν δοκεῖς;
ἐν τῷδ' ἁλίσκει πλεῖστον, ὦ κάκιστε σύ·
ποῖοι γὰρ ὅρκοι κρείσσονες, τίνες λόγοι
τῆσδ' ἂν γένοιντ' ἄν, ὥστε σ' αἰτίαν φυγεῖν;
μισεῖν σε φήσεις τήνδε καὶ τὸ δὴ νόθον
τοῖς γνησίοισι πολέμιον πεφυκέναι·
κακὴν ἄρ' αὐτὴν ἔμπορον βίου λέγεις,
εἰ δυσμενείᾳ σῇ τὰ φίλτατ' ὤλεσεν.
ἀλλ' ὡς τὸ μῶρον ἀνδράσιν μὲν οὐκ ἔνι,
γυναιξὶ δ' ἐμπέφυκεν; οἶδ' ἐγὼ νέους
οὐδὲν γυναικῶν ὄντας ἀσφαλεστέρους,
ὅταν ταράξῃ Κύπρις ἡβῶσαν φρένα·
τὸ δ' ἄρσεν αὐτοὺς ὠφελεῖ προσκείμενον.
νῦν οὖν τί ταῦτα σοῖς ἁμιλλῶμαι λόγοις
νεκροῦ παρόντος μάρτυρος σαφεστάτου;
ἔξερρε γαίας τῆσδ' ὅσον τάχος φυγάς,
καὶ μήτ' Ἀθήνας τὰς θεοδμήτους μόλῃς,
μήτ' εἰς ὅρους γῆς ἧς ἐμὸν κρατεῖ δόρυ.
εἰ γὰρ παθών γε σοῦ τάδ' ἡσσηθήσομαι,
οὐ μαρτυρήσει μ' Ἴσθμιος Σίνις ποτὲ
κτανεῖν ἑαυτόν, ἀλλὰ κομπάζειν μάτην,

964. κακὴν ἄρα, cf. 359 note.

966. τὰ φίλτατ' ὤλεσεν. Has undone her dearest friends (*e. g.* Theseus himself).

— ἀλλά. Cf. 1013 infra. Here ἀλλά is used as the Demosthenic ἀλλὰ νὴ Δία. The speaker introduces some supposed objection on the part of the person spoken to, in order to refute it. Translate, "Oh but some one will say," "It will be objected that."

— τὸ μῶρον = τὸ ἀκόλαστον. "Lustfulness," cf. 165 note.

974. θεοδμήτους Ἀθήνας. Poseidon and Athena built Athens according to the legend.

977. Sinis, a robber who infested the Isthmus of Corinth, and was so called from his wanton mischief (σίνεσθαι = to spoil). Sciron, also a robber, who threw travellers into the sea from the Scironian rocks in the Megarian territory. Theseus treated him as he had treated his victims.

οὐδ' αἱ θαλάσσῃ σύννομοι Σκειρωνίδες
φήσουσι πέτραι τοῖς κακοῖς μ' εἶναι βαρύν.
ΧΟ. οὐκ οἶδ' ὅπως εἴποιμ' ἂν εὐτυχεῖν τινα
θνητῶν· τὰ γὰρ δὴ πρῶτ' ἀνέστραπται πάλιν.
ΙΠ. πάτερ, μένος μὲν ξύστασίς τε σῶν φρενῶν
δεινή· τὸ μέντοι πρᾶγμ' ἔχον καλοὺς λόγους,
εἴ τις διαπτύξειεν, οὐ καλὸν τόδε.
ἐγὼ δ' ἄκομψος εἰς ὄχλον δοῦναι λόγον,
εἰς ἥλικας δὲ κὠλίγους σοφώτερος.
ἔχει δὲ μοῖραν καὶ τόδ'· οἱ γὰρ ἐν σοφοῖς
φαῦλοι παρ' ὄχλῳ μουσικώτεροι λέγειν.
ὅμως δ' ἀνάγκη, συμφορᾶς ἀφιγμένης,
γλῶσσάν μ' ἀφεῖναι. πρῶτα δ' ἄρξομαι λέγειν,
ὅθεν μ' ὑπῆλθες πρῶτον ὡς διαφθερῶν
οὐκ ἀντιλέξοντ'. εἰσορᾷς φάος τόδε
καὶ γαῖαν· ἐν τοῖσδ' οὐκ ἔνεστ' ἀνὴρ ἐμοῦ,
οὐδ' ἢν σὺ μὴ φῇς, σωφρονέστερος γεγώς.
ἐπίσταμαι γὰρ πρῶτα μὲν θεοὺς σέβειν,
φίλοις τε χρῆσθαι μὴ ἀδικεῖν πειρωμένοις,
ἀλλ' οἷσιν αἰδὼς μήτ' ἐπαγγέλλειν κακὰ
μήτ' ἀνθυπουργεῖν αἰσχρὰ τοῖσι χρωμένοις·
οὐκ ἐγγελαστὴς τῶν ὁμιλούντων, πάτερ,
ἀλλ' αὑτὸς οὐ παροῦσι κἀγγὺς ὢν φίλος.

983—1035. Hippolytus begins by deprecating his father's wrath, then shews that neither Phædra's beauty nor wealth were such as to lead him astray; he declares that his only ambition is to excel at the games, and to live virtuously with virtuous friends—he concludes by declaring solemnly that he is innocent; but respecting his oath to the nurse, will say no more.

979. *σύννομοι.* Metaph. from cattle feeding together, = *πλήσιαι.*

982. *τὰ πρῶτα.* Theseus' house, the first in the land.

985. *διαπτ*, from *διαπτύσσω*, unfold, explain, cf. Soph. *Ant.* 709, *οὗτοι διαπτύχθεντες ὤφθησαν κενοί. φαῦλοι*, those who are embarrassed before clever people. For *φαῦλος*, cf. 435 note.

992. *ὑπῆλθες.* Cf. Latin "subire." The *ὑπὸ* denotes a sudden, unexpected attack, metaphor from "advancing troops under cover."

ἑνὸς δ' ἄθικτος, ᾧ με νῦν ἑλεῖν δοκεῖς·
λέχους γὰρ εἰς τόδ' ἡμέρας ἁγνὸν δέμας.
οὐκ οἶδα πρᾶξιν τήνδε πλὴν λόγῳ κλύων
γραφῇ τε λεύσσων· οὐδὲ ταῦτα γὰρ σκοπεῖν
πρόθυμός εἰμι, παρθένον ψυχὴν ἔχων.
καὶ δὴ τὸ σῶφρον τοὐμὸν οὐ πείθει σ' ἴσως·
δεῖ δή σε δεῖξαι τῷ τρόπῳ διεφθάρην.
πότερα τὸ τῆσδε σῶμ' ἐκαλλιστεύετο
πασῶν γυναικῶν; ἢ σὸν οἰκήσειν δόμον
ἔγκληρον εὐνὴν προσλαβὼν ἐπήλπισα;
μάταιος ἆρ' ἦν, οὐδαμοῦ μὲν οὖν φρονῶν.
ἀλλ' ὡς τυραννεῖν ἡδὺ τοῖσι σώφροσιν;
ἥκιστά γ', εἰ μὴ τὰς φρένας διέφθορε
θνητῶν ὅσοισιν ἁνδάνει μοναρχία.
ἐγὼ δ' ἀγῶνας μὲν κρατεῖν Ἑλληνικοὺς
πρῶτος θέλοιμ' ἄν, ἐν πόλει δὲ δεύτερος
σὺν τοῖς ἀρίστοις εὐτυχεῖν ἀεὶ φίλοις.
πράσσειν τε γὰρ πάρεστι, κίνδυνός τ' ἀπὼν
κρείσσω δίδωσι τῆς τυραννίδος χάριν.
ἓν οὐ λέλεκται τῶν ἐμῶν, τὰ δ' ἄλλ' ἔχεις·
εἰ μὲν γὰρ ἦν μοι μάρτυς οἷός εἰμ' ἐγώ,
καὶ τῆσδ' ὁρώσης φέγγος ἠγωνιζόμην,

1003. *εἰς τόδ' ἡμέρας.* For *εἰς τήνδε ἡμέραν*, cf. Soph. *Ajax*, 314, *ἐν τῷ πράγματος*; *Antig.* 1229. *ἐν τῷ συμφορᾶς*; and the Latin id voluptatis, ad id temporis.

1007. *καὶ δὴ......δεῖ δή.* Suppose my declaration of innocence does not convince you, then it rests with you, *κ. τ. λ.*

1008. *τῷ* for *τίνι*. *ἐκαλλιστεύετο.* Notice the passive form.

1011. *ἔγκ, εὐν.* Cf. *Iphig. Tauris* 682.

1012. *μάταιος ἆρ' ἦ.* Monk reads *μάταιος ἦν ἆρ'*. Notice that the form of the first person is *ἦν* instead of *ἦ*.

1013. *ἀλλά.* Cf. 966 note.

1016. *ἀγῶνας Ἑλληνικούς.* This is an anachronism: The games were not established when this speech is supposed to have been delivered.

1017. *πρῶτος......δεύτερος.* Hippolytus desired to be champion, *first* in the games, but *second* in dignity in the state.

ἔργοις ἂν εἶδες τοὺς κακοὺς διεξιών.
νῦν δ' ὅρκιόν σοι Ζῆνα καὶ πέδον χθονὸς
ὄμνυμι τῶν σῶν μήποθ' ἅψασθαι γάμων
μηδ' ἂν θελῆσαι μηδ' ἂν ἔννοιαν λαβεῖν.
ἢ τἄρ' ὀλοίμην ἀκλεὴς ἀνώνυμος,
[ἄπολις ἄοικος, φυγὰς ἀλητεύων χθόνα,]
καὶ μήτε πόντος μήτε γῆ δέξαιτό μου
σάρκας θανόντος, εἰ κακὸς πέφυκ' ἀνήρ.
εἰ δ' ἥδε δειμαίνουσ' ἀπώλεσεν βίον
οὐκ οἶδ'· ἐμοὶ γὰρ οὐ θέμις πέρα λέγειν.
ἐσωφρόνησεν οὐκ ἔχουσα σωφρονεῖν,
ἡμεῖς δ' ἔχοντες οὐ καλῶς ἐχρώμεθα.

ΧΟ. ἀρκοῦσαν εἶπας αἰτίας ἀποστροφήν,
ὅρκους παρασχών, πίστιν οὐ σμικράν, θεῶν.

ΘΗ. ἆρ' οὐκ ἐπῳδὸς καὶ γόης πέφυχ' ὅδε,
ὃς τὴν ἐμὴν πέποιθεν εὐοργησίᾳ
ψυχὴν κρατήσειν τὸν τεκόντ' ἀτιμάσας;

ΙΠ. καὶ σοῦ γε κάρτα ταῦτα θαυμάζω, πάτερ·
εἰ γὰρ σὺ μὲν παῖς ἦσθ', ἐγὼ δὲ σὸς πατήρ,
ἔκτεινά τοί σ' ἂν κοὐ φυγαῖς ἐζημίουν,
εἴπερ γυναικὸς ἠξίους ἐμῆς θιγεῖν.

ΘΗ. ὡς ἄξιον τόδ' εἶπας· οὐχ οὕτω θανεῖ,

1024. **διεξιών.** Going through by way of examination, "cross-questioning."

1026. **ὄμνυμι.** with acc., cf. 713, note.

1029. This verse is left out by Monk, who considers that it is made up from 1048. Mr. Paley admits it in his text.

1033. **πέρα λέγειν** (because of the oath taken to the nurse).

1034—35. She acted a virtuous part (by committing suicide) when she could no longer retain her fair fame; I, though I was virtuous, exhibited my virtue inopportunely; (**οὐ καλῶς**) *i.e.* by rejecting Phædra's advances. Soph. *Elect.* 384. *Phil.* 1155.

1037. **πίστιν.** A guarantee.

1039. **γόης.** A juggler. "Surely he is in his very nature an enchanter and juggler. **εὐοργησίᾳ**, gentleness of temper, cf. *Bacchæ*, 641.

ὥσπερ σὺ σαυτῷ τόνδε προὔθηκας νόμον·
ταχὺς γὰρ Ἅιδης ῥᾷστος ἀνδρὶ δυσσεβεῖ·
ἀλλ' ἐκ πατρῴας φυγὰς ἀλητεύων χθονὸς
ξένην ἐπ' αἶαν λυπρὸν ἀντλήσεις βίον·
μισθὸς γὰρ οὗτός ἐστιν ἀνδρὶ δυσσεβεῖ.
ΙΠ. οἴμοι, τί δράσεις; οὐδὲ μηνυτὴν χρόνον
δέξει καθ' ἡμῶν, ἀλλά μ' ἐξελᾷς χθονός;
ΘΗ. πέραν γε πόντου τερμόνων τ' Ἀτλαντικῶν,
εἴ πως δυναίμην, ὡς σὸν ἐχθαίρω κάρα.
ΙΠ. οὐδ' ὅρκον οὐδὲ πίστιν οὐδὲ μάντεων
φήμας ἐλέγξας ἄκριτον ἐκβαλεῖς με γῆς;
ΘΗ. ἡ δέλτος ἥδε κλῆρον οὐ δεδεγμένη
κατηγορεῖ σου πιστά· τοὺς δ' ὑπὲρ κάρα
φοιτῶντας ὄρνεις πόλλ' ἐγὼ χαίρειν λέγω.
ΙΠ. ὦ θεοί, τί δῆτα τοὐμὸν οὐ λύω στόμα,
ὅστις γ' ὑφ' ὑμῶν, οὓς σέβω, διόλλυμαι;
οὐ δῆτα· πάντως οὐ πίθοιμ' ἂν οὕς με δεῖ,
μάτην δ' ἂν ὅρκους συγχέαιμ' οὓς ὤμοσα.
ΘΗ. οἴμοι· τὸ σεμνὸν ὥς μ' ἀποκτείνει τὸ σόν.
οὐκ εἶ πατρῴας ἐκτὸς ὡς τάχιστα γῆς;
ΙΠ. ποῖ δῆθ' ὁ τλήμων τρέψομαι; τίνος ξένων
δόμους ἔσειμι τῇδ' ἐπ' αἰτίᾳ φυγών;
ΘΗ. ὅστις γυναικῶν λυμεῶνας ἥδεται

1053. πόντου. I think the Euxine is *not* meant here. Hipp. says, "you will drive me from the land?" Theseus answers "Yes, and beyond the sea, aye, even the limits of the Atlantic." Theseus seems to wish simply to place the sea between them, and having that idea, naturally thinks of the greatest distance (to the ancients), viz., down the Mediterranean and out on the Atlantic. If by πόντος we understand "the Euxine," we shall have two different directions, and the force of the line would be weakened.

1057. κλῆρον. Cf. *Phœnissæ* 838. *Ion* 908.

1059. ὄρνεις for ὄρνιθας. Monk and Mr. Paley read ὄρνις, for this last form, Soph. *O.T.* 966. Ar. *Aves* 717, 1250, 1610.

1061. ὅστις gives the reason. "In as much as," cf. ὅς and ὅς γε, 1039 supra.

ξένους κομίζων καὶ συνοικούρους κακῶν.
ΙΠ. αἰαῖ· πρὸς ἧπαρ δακρύων τ' ἐγγὺς τόδε,
εἰ δὴ κακός γε φαίνομαι δοκῶ τέ σοι.
ΘΗ. τότε στενάζειν καὶ προγιγνώσκειν σ' ἐχρῆν,
ὅτ' εἰς πατρῴαν ἄλοχον ὑβρίζειν ἔτλης.
ΙΠ. ὦ δώματ', εἴθε φθέγμα γηρύσαισθέ μοι
καὶ μαρτυρήσαιτ' εἰ κακὸς πέφυκ' ἀνήρ.
ΘΗ. εἰς τοὺς ἀφώνους μάρτυρας φεύγεις σοφῶς·
τὸ δ' ἔργον οὐ λέγον σε μηνύει κακόν.
ΙΠ. φεῦ·
εἴθ' ἦν ἐμαυτὸν προσβλέπειν ἐναντίον
στάνθ', ὡς ἐδάκρυσ' οἷα πάσχομεν κακά.
ΘΗ. πολλῷ γε μᾶλλον σαυτὸν ἤσκησας σέβειν
ἢ τοὺς τεκόντας ὅσια δρᾶν, δίκαιος ὤν.
ΙΠ. ὦ δυστάλαινα μῆτερ, ὦ πικραὶ γοναί·
μηδείς ποτ' εἴη τῶν ἐμῶν φίλων νόθος.
ΘΗ. οὐχ ἕλξετ' αὐτόν, δμῶες; οὐκ ἀκούετε
πάλαι ξενοῦσθαι τόνδε προυννέποντά με;
ΙΠ. κλαίων τις αὐτῶν ἆρ' ἐμοῦ γε θίξεται·
σὺ δ' αὐτός, εἴ σοι θυμός, ἐξώθει χθονός.
ΘΗ. δράσω τάδ', εἰ μὴ τοῖς ἐμοῖς πείσει λόγοις·
οὐ γάρ τις οἶκτος σῆς μ' ἐπέρχεται φυγῆς.
ΙΠ. ἄραρεν, ὡς ἔοικεν· ὦ τάλας ἐγώ·
ὡς οἶδα μὲν ταῦτ', οἶδα δ' οὐχ ὅπως φράσω.
ὦ φιλτάτη μοι δαιμόνων Λητοῦς κόρη
σύνθακε συγκύναγε, φευξούμεσθα δὴ

1069. συνοικούρους κακῶν. Partners in mischief.

— πρὸς ἧπαρ. Soph. *Ajax*, 938.

1074. εἴθε. Cf. 209, note.

1080—81. ὅσια δρᾶν, δίκαιος ὤν. Thus Monk and Mr. Paley "to be just and treat your parents properly. Some leave out the comma after δρᾶν.

1085. ξενοῦσθαι. Compare the Latin "exsulare," cf. Soph. *Trach.* 65.

1086. ἆρα. Used in exclamations, cf. 1012. μάταιος ἆρ' ἦν. Eur. *Androm.* 1114. Pindar, *P* 4, 138.

κλεινὰς Ἀθήνας· ἀλλὰ χαίρετ', ὦ πόλις
καὶ γαῖ' Ἐρεχθέως· ὦ πέδον Τροιζήνιον,
ὡς ἐγκαθηβᾶν πόλλ' ἔχεις εὐδαίμονα,
χαῖρ'· ὕστατον γάρ σ' εἰσορῶν προσφθέγγομαι.
ἴτ', ὦ νέοι μοι τῆσδε γῆς ὁμήλικες,
προσείπαθ' ἡμᾶς καὶ προπέμψατε χθονός·
ὡς οὔποτ' ἄλλον ἄνδρα σωφρονέστερον
ὄψεσθέ, κεἰ μὴ ταῦτ' ἐμῷ δοκεῖ πατρί.

ΧΟ. ἦ μέγα μοι τὰ θεῶν μελεδήμαθ', ὅταν φρένας ἔλθῃ, στρ.
λύπας παραιρεῖ·
ξύνεσιν δέ τιν' ἐλπίδι κεύθων
λείπομαι ἔν τε τύχαις θνατῶν καὶ ἐν ἔργμασι λεύσσων·
ἄλλα γὰρ ἄλλοθεν ἀμείβεται,
μετὰ δ' ἵσταται ἀνδράσιν αἰὼν
πολυπλάνητος ἀεί.
εἴθε μοι εὐξαμένᾳ θεόθεν τάδε μοῖρα παράσχοι, ἀντ.
τύχαν μετ' ὄλβου

1094. ἀλλὰ χαίρετε. Well! farewell.

1096. ἐγκαθηβᾶν, cf. *Thuc.* ii. 44, 2.

1099. προπέμπειν. Regular word "to escort," cf. Soph. *O. C.* 1667. Xen. *Hellen.* iv. 1, 9.

[1102—1152, Hippolytus has just gone to prepare for his journey. The chorus are puzzled at the neglect shewn by the Gods for such a man as Hippolytus. They think the "summum bonum" in this life is good fortune, and a spirit contented with that which comes to hand. They next think of Artemis and the woods Hippolytus loved.

1106. ἐλπίδι κεύθων = ἐλπίζων κεύθειν. Compare the gender of κεύθων and λεύσσων with that of εὐξαμένα in line 1111, both referring to the same person. Monk declares he can find nothing to parallel it (prorsus insolenter factum). Hermann says that a *general sentiment*, even when spoken by a woman, may be expressed by a masculine participle.

— *Monk translates* "et cum spem conceperim me aliquid circa divinam providentiam certi intelligere, spes ista rursus me frustratur, cum in fortunas et in facta mortalium intueor."

— λείπομαι = "I am at fault."

καὶ ἀκήρατον ἄλγεσι θυμόν·
δόξα δὲ μήτ' ἀτρεκὴς μήτ' αὖ παράσημος ἐνείη·
ῥᾴδια δ' ἤθεα τὸν αὔριον
μεταβαλλομένα χρόνον ἀεὶ
βίον συνευτυχοίην.
οὐκέτι γὰρ καθαρὰν φρέν' ἔχω τὰ παρ' ἐλπίδα
λεύσσων, στρ.
ἐπεὶ τὸν Ἑλλανίας
φανερώτατον ἀστέρ' Ἀθάνας
εἴδομεν εἴδομεν ἐκ πατρὸς ὀργᾶς
ἄλλαν ἐπ' αἶαν ἱέμενον.
ὦ ψάμαθοι πολιήτιδος ἀκτᾶς
δρυμὸς τ' ὄρειος, ὅθι κυνῶν
ὠκυπόδων μέτα θῆρας ἔναιρεν
Δίκτυνναν ἀμφὶ σεμνάν.
οὐκέτι συζυγίαν πώλων Ἐνετᾶν ἐπιβάσει ἀντ.
τὸν ἀμφὶ Λίμνας τρόχον
κατέχων ποδὶ γυμνάδας ἵππους.
μοῦσα δ' ἄυπνος ὑπ' ἄντυγι χορδᾶν

1115. ἀτρεκής, cf. 261, note.

— παράσημος (*lit.*) falsely struck, with imperfect impression (of a coin), then applied to men. *Demosth.* 307, ῥήτωρ παράσημος.

1119. βίον συνευτυχοίην. "May I be happy with my life!" Mr. Paley after the Scholiast takes the σὺν = "with others." Monk does not notice the passage.

1126. πολιήτιδος, ἀκτ. ψαμ. Sands of my country's shore., cf. Apoll. *Rhod.* I. 867.

1130. Δίκτυννα. Cf. 146 (δίκτυον). Compare Arist. *Ran.* 1359. *Vesp.* 368. Dictynna was a Cretan Goddess.

1131. Mares were supposed to be fleeter than horses.

1134. κατέχων ποδὶ γυμνάδας ἵππους. Restraining with the foot the trained horses. So Monk and Mr. Paley. Reiske reads κατ. ποδὶ γυμνάδος ἵππου = occupying or holding the course with the foot of the trained horse.

— Notice συζυγίαν, used (as ἵπποι often) for the chariot as well as the horses.

— τὸν τρόχον = along the course at Limna. cf. Eur. *Or.* 1251. στῆθ'... ἁμαξήρη τρίβον.

λήξει πατρῷον ἀνὰ δόμον·
ἀστέφανοι δὲ κόρας ἀνάπαυλαι
Λατοῦς βαθεῖαν ἀνὰ χλόαν·
νυμφιδία δ' ἀπόλωλε φυγᾷ σᾷ
λέκτρων ἅμιλλα κούραις.
ἐγὼ δὲ σᾷ δυστυχίᾳ δάκρυσι διοίσω
πότμον ἄποτμον· ὦ τάλαινα
μᾶτερ, ἔτεκες ἀνόνατα· φεῦ,
μανίω θεοῖσιν·
ἰὼ ἰὼ συζύγιαι Χάριτες,
τί τὸν τάλαν' ἐκ πατρίας γᾶς
τὸν οὐδὲν ἄτας αἴτιον
πέμπετε τῶνδ' ἀπ' οἴκων;
καὶ μὴν ὀπαδὸν Ἱππολύτου τόνδ' εἰσορῶ
σπουδῇ σκυθρωπὸν πρὸς δόμους ὁρμώμενον.

ΑΓΓ. ποῖ γῆς ἄνακτα τῆσδε Θησέα μολὼν
εὕροιμ' ἄν, ὦ γυναῖκες; εἴπερ ἴστε, μοι
σημήνατ'· ἆρα τῶνδε δωμάτων ἔσω;

ΧΟ. ὅδ' αὐτὸς ἔξω δωμάτων πορεύεται.

ΑΓΓ. Θησεῦ, μερίμνης ἄξιον φέρω λόγον
σοὶ καὶ πολίταις οἵ τ' Ἀθηναίων πόλιν
ναίουσι καὶ γῆς τέρμονας Τροιζηνίας.

ΘΗ. τί δ' ἔστι; μῶν τις συμφορὰ νεωτέρα
δισσὰς κατείληφ' ἀστυγείτονας πόλεις;

1153—1254. A messenger arrives asking for Theseus: he says that Hippolytus has been thrown out of his chariot and badly hurt (1173—1254), he gives a full account of the accident, and ends by declaring that nothing will make him believe that Hippolytus is guilty.

1142. σᾷ δυστυχίᾳ. Causal dative, cf. Eur. *Orest.* 461.

1145. ἀνόνατα (adverbial use) "in vain," cf. *Alcest.* 413. Mr. Paley reads ἔτεκες ἄρ' ἀνόνατα.

1152. σκυθρωπόν. With downcast, lowering looks.

1155. ἔσω. Here in its proper sense implying "motion," μολὼν being understood, cf. line 2.

ΑΓΓ. Ἱππόλυτος οὐκέτ᾽ ἔστιν, ὡς εἰπεῖν ἔπος·
δέδορκε μέντοι φῶς ἐπὶ σμικρᾶς ῥοπῆς.
ΘΗ. πρὸς τοῦ; δι᾽ ἔχθρας μῶν τις ἦν ἀφιγμένος,
ὅτου κατῄσχυν᾽ ἄλοχον ὡς πατρὸς βίᾳ;
ΑΓΓ. οἰκεῖος αὐτὸν ὤλεσ᾽ ἁρμάτων ὄχος
ἀραί τε τοῦ σοῦ στόματος, ἃς σὺ σῷ πατρὶ
πόντου κρέοντι παιδὸς ἠράσω πέρι.
ΘΗ. ὦ θεοὶ Πόσειδόν θ᾽, ὡς ἄρ᾽ ἦσθ᾽ ἐμὸς πατὴρ
ὀρθῶς, ἀκούσας τῶν ἐμῶν κατευγμάτων.
πῶς καὶ διώλετ᾽; εἰπέ· τῷ τρόπῳ Δίκης
ἔπαισεν αὐτὸν ῥόπτρον αἰσχύναντ᾽ ἐμέ;
ΑΓΓ. ἡμεῖς μὲν ἀκτῆς κυμοδέγμονος πέλας
ψήκτραισιν ἵππων ἐκτενίζομεν τρίχας
κλαίοντες· ἦλθε γάρ τις ἄγγελος λέγων
ὡς οὐκέτ᾽ ἐν γῇ τῇδ᾽ ἀναστρέψοι πόδα
Ἱππόλυτος, ἐκ σοῦ τλήμονας φυγὰς ἔχων.
ὁ δ᾽ ἦλθε ταὐτὸ δακρύων ἔχων μέλος
ἡμῖν ἐπ᾽ ἀκταῖς· μυρία δ᾽ ὀπισθόπους
φίλων ἅμ᾽ ἔστειχ᾽ ἡλίκων ὁμήγυρις.
χρόνῳ δὲ δήποτ᾽ εἶπ᾽ ἀπαλλαχθεὶς γόων·
τί ταὐτ᾽ ἀλύω; πειστέον πατρὸς λόγοις.

1163. *δέδορκε φῶς ἐπὶ σμικρᾶς ῥοπῆς.* "He still breathes though the scale is almost sunk; *i.e.*, it only requires a slight turn of the scale to finish him.

— Compare for the phrase Soph. *O.T.* 961, *O.C.* 1508. Thuc. v. 103, *ἀσθενεῖς τεκαὶ ἐπὶῥοπῆς μιᾶς ὄντες*, where Arnold translates "on one single turn of the scale," *i.e.*, not as if the scale would recover itself, but once down and you are lost. Plat. *Rep.* 556 E., Eur. *Helen* 1090.

1169. *ἄρα*, cf. 359, note.

1171. *πῶς καὶ διώλετο.* Here *καὶ* accompanies and emphasizes *διώλετο*, "Tell me the *actual particulars* of his end."

— Had it been *καὶ πῶς*, it would have introduce and objection, "but how? Nay, how can it be?"

— For instances of *πῶς καὶ* or (*τίς, ποῖ, ποῦ ποῖος*) *καὶ*, cf. Eur. *Hec.* 519, 1055; *Alc.* 846; Arist. *Pax* 1288; Soph. *Aj.* 1290; *Trach.* 339.

1172. *ῥόπτρον.* "The drop of a trap." This is better than to take it = *ῥόπαλον*, a club, though that is possible.

ἐντύναθ' ἵππους ἅρμασι ζυγηφόρους,
δμῶες· πόλις γὰρ οὐκέτ' ἔστιν ἥδε μοι.
τοὐνθένδε μέντοι πᾶς ἀνὴρ ἠπείγετο,
καὶ θᾶσσον ἢ λέγοι τις ἐξηρτυμένας
πώλους παρ' αὐτὸν δεσπότην ἐστήσαμεν.
μάρπτει δὲ χερσὶν ἡνίας ἀπ' ἄντυγος,
αὐταῖσιν ἀρβύλαισιν ἁρμόσας πόδας.
καὶ πρῶτα μὲν θεοῖς εἶπ' ἀναπτύξας χέρας·
Ζεῦ, μηκέτ' εἴην, εἰ κακὸς πέφυκ' ἀνήρ·
αἴσθοιτο δ' ἡμᾶς ὡς ἀτιμάζει πατὴρ
ἤτοι θανόντας ἢ φάος δεδορκότας.
κἀν τῷδ' ἐπῆγε κέντρον εἰς χεῖρας λαβὼν
πώλοις ὁμαρτῇ· πρόσπολοι δ' ὑφ' ἅρματος
πέλας χαλινῶν εἱπόμεσθα δεσπότῃ
τὴν εὐθὺς Ἄργους κἀπιδαυρίας ὁδόν.
ἐπεὶ δ' ἔρημον χῶρον εἰσεβάλλομεν,
ἀκτή τις ἔστι τοὐπέκεινα τῆσδε γῆς
πρὸς πόντον ἤδη κειμένη Σαρωνικόν.
ἔνθεν τις ἠχὼ χθόνιος ὡς βροντὴ Διὸς
βαρὺν βρόμον μεθῆκε φρικώδη κλύειν·
ὀρθὸν δὲ κρᾶτ' ἔστησαν οὖς τ' ἐς οὐρανὸν
ἵπποι· παρ' ἡμῖν δ' ἦν φόβος νεανικὸς

1188. ἀπ' ἄντυγος. From the rail or rim of the chariot, where the reins rested as on our dashboard. Hom. *Iliad* v. 262, 728.

1189. αὐτ. ἀρβυλ. Boots and all, cf. 1341 infra. Mr. Paley explains this to be that he did not stay to change the heavy shooting boots he had on.

— For ἀρβύλαι, cf. Eur. *Bacch.* 638; *Theocrit.* vii. 26; Æsch. *Agam.* 917.

1195. ὑφ' ἅρματος. Close at the side, and so almost under Hippolytus, (var. lect. ἐφ' ἅρματος for πέλας χαλ. cf. Juv. *Sat.* x. 45, niveos ad frena quirites currentes.

1197. εὐθὺς. I know no other passage where εὐθὺς = εὐθὺ with genitive "straight to a place."

1201. χθόνιος βροντή. Subterranean noises like thunder. *e. g.* earthquakes, Æsch. *Prometh. V.* 1015. *Theocrit.* v. 22.

πόθεν πότ' εἴη φθόγγος. εἰς δ' ἁλιρρόθους
ἀκτὰς ἀποβλέψαντες ἱερὸν εἴδομεν
κῦμ' οὐρανῷ στηρίζον, ὥστ' ἀφῃρέθη
Σκείρωνος ἀκτὰς ὄμμα τοὐμὸν εἰσορᾶν·
ἔκρυπτε δ' Ἰσθμὸν καὶ πέτραν Ἀσκληπιοῦ.
κἄπειτ' ἀνοιδῆσάν τε καὶ πέριξ ἀφρὸν
πολὺν καχλάζον ποντίῳ φυσήματι
χωρεῖ πρὸς ἀκτάς, οὗ τέθριππος ἦν ὄχος.
αὐτῷ δὲ σὺν κλύδωνι καὶ τρικυμίᾳ
κῦμ' ἐξέθηκε ταῦρον ἄγριον τέρας,
οὗ πᾶσα μὲν χθὼν φθέγματος πληρουμένη
φρικῶδες ἀντεφθέγγετ', εἰσορῶσι δὲ
κρεῖσσον θέαμα δεργμάτων ἐφαίνετο.
εὐθὺς δὲ πώλοις δεινὸς ἐμπίπτει φόβος·
καὶ δεσπότης μὲν ἱππικοῖσιν ἤθεσι
πολὺς ξυνοικῶν ἥρπασ' ἡνίας χεροῖν,
ἕλκει δὲ κώπην ὥστε ναυβάτης ἀνὴρ
ἱμᾶσιν εἰς τοὔπισθεν ἀρτήσας δέμας·
αἱ δ' ἐνδακοῦσαι στόμια πυριγενῆ γναθμοῖς
βίᾳ φέρουσιν, οὔτε ναυκλήρου χερὸς
οὔθ' ἱπποδέσμων οὔτε κολλητῶν ὄχων

1207. **οὐρανῷ στηρίζον.** Rising pillarwise to heaven. Eur. *Baccha* 1083.

— **ἱερὸν.** Divine, so mighty, supernatural.

1213. **τρικυμίᾳ.** Similar to the Latin "decumanus fluctus," cf. Æsch. *Pr. V.* 1086. It was the Greek idea that the *third*, and the Latin idea that the *tenth* was the biggest wave. **αὐτῷ σὺν κλυδ** = at the moment the wave broke.

— Æsch. *Pr. V.* 1036. Mr. Paley thinks that in a storm three consecutive waves of larger size come to shore at intervals, consequently that **τρικυμία** does not mean "every third wave," but a triple or crested wave, **τρίχηλον.**

1222. **ἀρτήσας.** Shews that the Greeks, when rowing the large oars of the triremes used to fasten a thong from the oars round their bodies to lessen the strain. Cf. Eur. *And.* 811; Plato, *Phæd.* 254 D.

1224. **βίᾳ φέρουσιν.** "Run away *with him*," the middle would simply mean "run away," *i.e.*, carry *themselves* away, without reference to the driver, cf. Soph. Elect. 725, **ἔπειτα δ' Αἰνιᾶνος ἀνδρὸς ἄστομοι πῶλοι βίᾳ φέρουσιν.**

μεταστρέφουσαι. κεἰ μὲν εἰς τὰ μαλθακὰ
γαίας ἔχων οἴακας ἰθύνοι δρόμον,
προυφαίνετ' εἰς τοὔμπροσθεν, ὥστ' ἀναστρέφειν,
ταῦρος φόβῳ τέτρωρον ἐκμαίνων ὄχον·
εἰ δ' εἰς πέτρας φέροιντο μαργῶσαι φρένας,
σιγῇ πελάζων ἄντυγι ξυνείπετο
εἰς τοῦθ' ἕως ἔσφηλε κἀνεχαίτισεν,
ἀψῖδα πέτρῳ προσβαλὼν ὀχήματος.
σύμφυρτα δ' ἦν ἅπαντα· σύριγγές τ' ἄνω
τροχῶν ἐπήδων ἀξόνων τ' ἐνήλατα.
αὐτὸς δ' ὁ τλήμων ἡνίαισιν ἐμπλακεὶς
δεσμὸν δυσεξήνυστον ἕλκεται δεθείς,
σποδούμενος μὲν πρὸς πέτραις φίλον κάρα,
θραύων δὲ σάρκας, δεινὰ δ' ἐξαυδῶν κλύειν·
στῆτ', ὦ φάτναισι ταῖς ἐμαῖς τεθραμμέναι,
μή μ' ἐξαλείψητ'. ὦ πατρὸς τάλαιν' ἀρά.
τίς ἄνδρ' ἄριστον βούλεται σῶσαι παρών;
πολλοὶ δὲ βουληθέντες ὑστέρῳ ποδὶ
ἐλειπόμεσθα. χὢ μὲν ἐκ δεσμῶν λυθεὶς
τμητῶν ἱμάντων οὐ κάτοιδ' ὅτῳ τρόπῳ
πίπτει, βραχὺν δὴ βίοτον ἐμπνέων ἔτι·
ἵπποι δ' ἔκρυφθεν καὶ τὸ δύστηνον τέρας
ταύρου λεπαίας οὐ κάτοιδ' ὅπου χθονός.
δοῦλος μὲν οὖν ἔγωγε σῶν δόμων, ἄναξ,
ἀτὰρ τοσοῦτόν γ' οὐ δυνήσομαί ποτε
τὸν σὸν πιθέσθαι παῖδ' ὅπως ἐστὶν κακός,
οὐδ' εἰ γυναικῶν πᾶν κρεμασθείη γένος

1226. *μεταστρέφουσαι.* Caring for; heeding.

1229. *ἐκμαίνων.* Cf. *Theocrit.* v. 91. *τέτρωρ ὄχ.* The four horses *in the* chariot.

1247. *ἔκρυφθεν.* "Were lost to sight." This form instead of *ἐκρύφθησαν* is very rare in tragedy, though common in comedy. Compare *κατένασθεν.* Ar. *Vesp.* 662, *Plut.* 55.

καὶ τὴν ἐν Ἴδῃ γραμμάτων πλήσειέ τις
πεύκην, ἐπεί νιν ἐσθλὸν ὄντ' ἐπίσταμαι.
ΧΟ. αἰαῖ· κέκρανται συμφορὰ νέων κακῶν,
οὐδ' ἔστι μοίρας τοῦ χρεών τ' ἀπαλλαγή.
ΘΗ. μίσει μὲν ἀνδρὸς τοῦ πεπονθότος τάδε
λόγοισιν ἥσθην τοῖσδε· νῦν δ' αἰδούμενος
θεούς τ' ἐκεῖνόν θ', οὕνεκ' ἐστὶν ἐξ ἐμοῦ,
οὔθ' ἥδομαι τοῖσδ' οὔτ' ἐπάχθομαι κακοῖς.
ΑΓΓ. πῶς οὖν; κομίζειν ἢ τί χρὴ τὸν ἄθλιον
δράσαντας ἡμᾶς σῇ χαρίζεσθαι φρενί;
φρόντιζ'· ἐμοῖς δὲ χρώμενος βουλεύμασιν
οὐκ ὠμὸς εἰς σὸν παῖδα δυστυχοῦντ' ἔσει.
ΘΗ. κομίζετ' αὐτόν, ὡς ἰδὼν ἐν ὄμμασι
τὸν τἄμ' ἀπαρνηθέντα μὴ χρᾶναι λέχη
λόγοις τ' ἐλέγξω δαιμόνων τε συμφοραῖς.
ΧΟ. σὺ τὰν θεῶν ἄκαμπτον φρένα καὶ βροτῶν
ἄγεις, Κύπρι· σὺν δ'
ὁ ποικιλόπτερος ἀμφιβαλὼν
ὠκυτάτῳ πτερῷ
ποτᾶται 'πὶ γαῖαν εὐάχητόν θ'
ἁλμυρὸν ἐπὶ πόντον.
θέλγει δ' Ἔρως, ᾧ μαινομένᾳ κραδίᾳ
πτανὸς ἐφορμάσῃ
χρυσοφαής,

1254. *πεύκη* = a tablet, cf. *Iph. Aulis* 39. Here, however, *πεύκη* probably refers to the Pines in the forest, from which the tablets were made.

1255–1341. The chorus moralize. Theseus declares that he is neither glad nor sorry for what has happened. Artemis (1283) appears and undeceives Theseus as to Hippolytus; the King is too overcome to answer anything but *οἴμοι*.

1256. *τοῦ χρέων*, cf. *Herc. Fur.* 21. This word (strictly a neuter participle from *χράω*) is indeclinable.

1262. *δράσαντας, χαρίζ.* Arist. *Pax.* 359.

1274. *ᾧ μαιν. κραδ.* These are both datives after *ἐφορμάσῃ*. The omission of *ἂν* with *ἐφορμ* is archaic, cf. Soph. *El.* 771, *O. T.* 1231, *O. C.* 395.

φύσιν ὀρεσκόων
σκυλάκων πελαγίων θ' ὅσα τε γᾶ τρέφει,
τὰν Ἅλιος αἰθομέναν δέρκεται,
ἄνδρας τε· συμπάντων δὲ
βασιληίδα τιμάν, Κύπρι,
τῶνδε μόνα κρατύνεις.

ΑΡ. σὲ τὸν εὐπατρίδαν Αἰγέως κέλομαι
παῖδ' ἐπακοῦσαι·
Λητοῦς δὲ κόρη σ' Ἄρτεμις αὐδῶ.
Θησεῦ, τί τάλας τοῖσδε συνήδει,
παῖδ' οὐχ ὁσίως σὸν ἀποκτείνας,
ψευδέσι μύθοις ἀλόχου πεισθεὶς
ἀφανῆ; φανερὰν δ' ἔσχεθες ἄταν.
πῶς οὐχ ὑπὸ γῆς τάρταρα κρύπτεις
δέμας αἰσχυνθείς,
ἢ πτηνὸς ἄνω μεταβὰς βίοτον
πήματος ἔξω πόδα τοῦδ' ἀπέχεις;
ὡς ἔν γ' ἀγαθοῖς ἀνδράσιν οὔ σοι
κτητὸν βιότου μέρος ἐστίν.
ἄκουε, Θησεῦ, σῶν κακῶν κατάστασιν·
καίτοι προκόψω γ' οὐδέν, ἀλγυνῶ δὲ σέ.
ἀλλ' εἰς τόδ' ἦλθον, παιδὸς ἐκδεῖξαι φρένα
τοῦ σοῦ δικαίαν, ὡς ὑπ' εὐκλείας θάνῃ,
καὶ σῆς γυναικὸς οἶστρον ἢ τρόπον τινὰ
γενναιότητα· τῆς γὰρ ἐχθίστης θεῶν

1289. ἀφανῆ πεισθείς. (Having been persuaded in matters that were obscure) *i.e.* on insufficient evidence. *Thesmoph.* 515 (592).

1299. ὑπ' εὐκλείας. "With a good name." ὑπο often serves merely to denote the attendant or accompanying circumstances; thus ὑπὸ σάλπιγγος πίνειν = "to drink to the sound of the trumpet," *i.e.*, with trumpet sounding.

— This notion of ὑπὸ = "to the sound of," will be a guide for other passages. Cf. Eur. *Ion.* 1333; *Troad.* 346; *Hec.* 351; *Herc. F.* 289; Æsch. *Agam.* 1531 (Paley), Soph. *Elect.* 630. δικαίαν *is prædicative.*

ἡμῖν, ὅσαισι παρθένειος ἡδονή,
δηχθεῖσα κέντροις παιδὸς ἠράσθη σέθεν.
γνώμῃ δὲ νικᾶν τὴν Κύπριν πειρωμένη
τροφοῦ διώλετ' οὐχ ἑκοῦσα μηχαναῖς,
ἣ σῷ δι' ὅρκων παιδὶ σημαίνει νόσον.
ὁ δ' ὥσπερ ὢν δίκαιος οὐκ ἐφέσπετο
λόγοισιν, οὐδ' αὖ πρὸς σέθεν κακούμενος
ὅρκων ἀφεῖλε πίστιν, εὐσεβὴς γεγώς.
ἡ δ' εἰς ἔλεγχον μὴ πέσῃ φοβουμένη
ψευδεῖς γραφὰς ἔγραψε καὶ διώλεσε
δόλοισι σὸν παῖδ', ἀλλ' ὅμως ἔπεισέ σε.

ΘΗ. οἴμοι.

ΑΡ. δάκνει σε, Θησεῦ, μῦθος; ἀλλ' ἕχ' ἥσυχος,
τοὐνθένδ' ἀκούσας ὡς ἂν οἰμώξῃς πλέον.
ἆρ' οἶσθα πατρὸς τρεῖς ἀρὰς ἔχων σαφεῖς;
ὧν τὴν μίαν παρεῖλες, ὦ κάκιστε σύ,
εἰς παῖδα τὸν σόν, ἐξὸν εἰς ἐχθρόν τινα.
πατὴρ μὲν οὖν σοι πόντιος φρονῶν καλῶς
ἔδωχ' ὅσονπερ χρῆν, ἐπείπερ ᾔνεσεν·
σὺ δ' ἔν τ' ἐκείνῳ κἀν ἐμοὶ φαίνει κακός,
ὃς οὔτε πίστιν οὔτε μάντεων ὄπα
ἔμεινας, οὐκ ἤλεγξας, οὐ χρόνῳ μακρῷ
σκέψιν παρέσχες, ἀλλὰ θᾶσσον ἢ σ' ἐχρῆν
ἀρὰς ἐφῆκας παιδὶ καὶ κατέκτανες.

ΘΗ. δέσποιν', ὀλοίμην.

1304. γνώμῃ. "By good sense," *i.e.* by remembering how impracticable it was.

1307. ὥσπερ ὢν δίκαιος, Monk reads ὥσπερ ἦν δίκαιος. Mr. Paley reads ὥσπερ οὖν δίκαιος, "as in fact a just man," which I much prefer.

1309. ὅρκ. ἀφεῖλε πιστ. Notice the phrase, "dishonour his oath."

1315. σαφεῖς. Cf. 890, "clear," so that there could be no mistake.

1316. παρεῖλες. Diverted from its proper object, *i.e.* (some real enemy) to employ it against your son; here παρα has its real sense; to be on one side of some object aimed at or specified. As a preposition it governs three cases; Gen. dat. acc., and means respectively "from, at, or to along side of."

1319. ᾔνεσεν for κατῄνεσεν. "Had promised."

ΑΡ. δείν' ἔπραξας, ἀλλ' ὅμως
ἔτ' ἔστι καὶ σοὶ τῶνδε συγγνώμης τυχεῖν·
Κύπρις γὰρ ἤθελ' ὥστε γίγνεσθαι τάδε,
πληροῦσα θυμόν. θεοῖσι δ' ὧδ' ἔχει νόμος·
οὐδεὶς ἀπαντᾶν βούλεται προθυμίᾳ
τῇ τοῦ θέλοντος, ἀλλ' ἀφιστάμεσθ' ἀεί.
ἐπεὶ σάφ' ἴσθι, Ζῆνα μὴ φοβουμένη
οὐκ ἄν ποτ' ἦλθον εἰς τόδ' αἰσχύνης ἐγὼ
ὥστ' ἄνδρα πάντων φίλτατον βροτῶν ἐμοὶ
θανεῖν ἐᾶσαι. τὴν δὲ σὴν ἁμαρτίαν
τὸ μὴ εἰδέναι μὲν πρῶτον ἐκλύει κάκης·
ἔπειτα δ' ἡ θανοῦσ' ἀνάλωσεν γυνὴ
λόγων ἐλέγχους ὥστε σὴν πεῖσαι φρένα.
μάλιστα μέν νυν σοὶ τάδ' ἔρρωγεν κακά,
λύπη δὲ κἀμοί· τοὺς γὰρ εὐσεβεῖς θεοὶ
θνήσκοντας οὐ χαίρουσι· τούς γε μὴν κακοὺς
αὐτοῖς τέκνοισι καὶ δόμοις ἐξόλλυμεν.
ΧΟ. καὶ μὴν ὁ τάλας ὅδε δὴ στείχει,
σάρκας νεαρὰς ξανθόν τε κάρα
διαλυμανθείς. ὢ πόνος οἴκων,
οἷον ἐκράνθη δίδυμον μελάθροις
πένθος θεόθεν καταληπτόν.
ΙΠ. αἰαῖ αἰαῖ·
δύστανος ἐγώ, πατρὸς ἐξ ἀδίκου

1342. The chorus see Hippolytus approaching (1347—1387) he laments over his hard fate and expresses a wish to die. 1389.—The end. Artemis and Theseus encourage Hippolytus. Artemis (1437) departs, immortals not being allowed to look upon death. 1450. The father and son are reconciled and Theseus forgiven.

1331. ἐπεὶ = γάρ, for be assured, &c.

1340. θνήσκοντας οὐ χαίρουσι. This phrase was called Oropismus because it was used by the people of Oropus, cf. Eur. *Rhesus*, 390. Soph. *O. T.* 936. *Philoct.* 1314. *Aj.* 789.

1346. καταληπτόν. "Suddenly coming upon one" (a medical term).

χρησμοῖς ἀδίκοις διελυμάνθην.
ἀπόλωλα τάλας, οἴμοι μοι.
διά μου κεφαλᾶς ᾄσσουσ' ὀδύναι,
κατὰ δ' ἐγκέφαλον πηδᾷ σφάκελος.
σχές, ἀπειρηκὸς σῶμ' ἀναπαύσω.
[ἒ ἔ·]
ὦ στυγνὸν ὄχημ' ἵππειον, ἐμῆς
βόσκημα χερός,
διά μ' ἔφθειρας, κατὰ δ' ἔκτεινας.
φεῦ φεῦ· πρὸς θεῶν, ἀτρέμας, δμῶες,
χροὸς ἑλκώδους ἅπτεσθε χεροῖν.
τίς ἐφέστηκεν δεξιὰ πλευροῖς;
πρόσφορά μ' αἴρετε, σύντονα δ' ἕλκετε
τὸν κακοδαίμονα καὶ κατάρατον
πατρὸς ἀμπλακίαις. Ζεῦ, Ζεῦ, τάδ' ὁρᾷς;
ὅδ' ὁ σεμνὸς ἐγὼ καὶ θεοσέπτωρ,
ὅδ' ὁ σωφροσύνῃ πάντας ὑπερσχὼν
προῦπτον ἐς Ἅιδαν στείχω κατὰ γᾶς,
ὀλέσας βίοτον· μόχθους δ' ἄλλως
τῆς εὐσεβίας
εἰς ἀνθρώπους ἐπόνησα.
αἰαῖ αἰαῖ·
καὶ νῦν ὀδύνα μ' ὀδύνα βαίνει.

1349. χρημοῖς. Here used = anathema, or at least "solemn curse;" the more usual sense is "oracular response."

1351. διὰ μου κεφ. Cf. *Medea* 144, διά μου κεφαλᾶς φλὸξ βάιη.

1360. τίς ἐφέστηκεν δεξιά. Monk reads τίς ἐφέστηκ' ἐνδέξια δεξιὰ for ἐκ δεξιᾶς adverbially.

1361. σύντονα. Bear me off in (measured) time, *i.e.*, carefully, without jolting.

1367. ἄλλως. Cf. 198 supra.

— τῆς εὐσεβίας. Understand ἄντι or ἕνεκα. Compare Soph. *Ant.* 1177. πατρὶ μηνίσας φόνου. To no purpose have I undergone troubles through my scrupulous conduct towards men.

μέθετέ με τάλανα·
καί μοι Θάνατος Παιὰν ἔλθοι.
προσαπόλλυτέ μ' ὄλλυτε τὸν δυσδαίμον'·
* ἀμφιτόμου λόγχας ἔραμαι
διαμοιρᾶσαι,
διά τ' εὐνᾶσαι τὸν ἐμὸν βίοτον.
ὦ πατρὸς ἐμοῦ δύστανος ἀρά,
μιαιφόνων τε συγγόνων,
παλαιῶν προγεννητόρων
ἐξορίζεται κακὸν οὐδὲ μέλλει,
ἔμολέ τ' ἐπ' ἐμὲ
τί ποτε τὸν οὐδὲν ὄντ' ἐπαίτιον κακῶν;
ἰώ μοι τί φῶ;
πῶς ἀπαλλάξω βιοτὰν
[ἐμὰν] τοῦδ' ἀναλγήτου πάθους;
εἴθε με κοιμίσειε τὸν δυσδαίμον'
Ἅιδου μέλαινα νύκτερός τ' ἀνάγκα.

ΑΡ. ὦ τλῆμον, οἵᾳ ξυμφορᾷ ξυνεζύγης·
τὸ δ' εὐγενές σε τῶν φρενῶν ἀπώλεσεν.

ΙΠ. ἔα·
ὦ θεῖον ὀδμῆς πνεῦμα· καὶ γὰρ ἐν κακοῖς
ὧν ᾐσθόμην σου κἀνεκουφίσθην δέμας·
ἔστ' ἐν τόποισι τοισίδ' Ἄρτεμις θεά.

ΑΡ. ὦ τλῆμον, ἔστι, σοί γε φιλτάτη θεῶν.

ΙΠ. ὁρᾷς με, δέσποιν', ὡς ἔχω, τὸν ἄθλιον;

1374. **προσαπόλλυτε.** Kill me outright, (*i.e.*, in addition to the misery already inflicted, finish me). Others think **ἀπόλλυτε** is pres. Indic. "you are killing me" (*i.e.*, by carrying me roughly).

1380. **προγεννήτορες**, *i.e.*, Pelops and Tantalus: Atreus and Thyestes were brothers of Pittheus, who was father of Æthra: Æthra married Ægeus and became mother of Theseus.

1391. **θεῖον ὀδμῆς πνεῦμα.** Cf. Æsch. *Pr. V.* 115. The Gods, it would appear, were recognized by a certain divine fragrance: cf. line 86. It is expressly stated that Artemis was invisible to Hippolytus even on their joint hunting expeditions.

ΑΡ. ὁρῶ· κατ' ὄσσων δ' οὐ θέμις βαλεῖν δάκρυ.
ΙΠ. οὐκ ἔστι σοι κυναγὸς οὐδ' ὑπηρέτης,
ΑΡ. οὐ δῆτ'· ἀτάρ μοι προσφιλής γ' ἀπόλλυσαι.
ΙΠ. οὐδ' ἱππονώμας οὐδ' ἀγαλμάτων φύλαξ.
ΑΡ. Κύπρις γὰρ ἡ πανοῦργος ὧδ' ἐμήσατο.
ΙΠ. ὤμοι· φρονῶ δὴ δαίμον' ἥ μ' ἀπώλεσε.
ΑΡ. τιμῆς ἐμέμφθη, σωφρονοῦντι δ' ἤχθετο.
ΙΠ. τρεῖς ὄντας ἡμᾶς ὤλεσ', ᾔσθημαι, Κύπρις,
ΑΡ. πατέρα τε καὶ σὲ καὶ τρίτην ξυνάορον.
ΙΠ. ᾤμωξα τοίνυν καὶ πατρὸς δυσπραξίας.
ΑΡ. ἐξηπατήθη δαίμονος βουλεύμασιν.
ΙΠ. ὦ δυστάλας σὺ τῆσδε συμφορᾶς, πάτερ.
ΘΗ. ὄλωλα, τέκνον, οὐδέ μοι χάρις βίου.
ΙΠ. στένω σὲ μᾶλλον ἢ 'μὲ τῆς ἁμαρτίας.
ΘΗ. εἰ γὰρ γενοίμην, τέκνον, ἀντὶ σοῦ νεκρός.
ΙΠ. ὦ δῶρα πατρὸς σοῦ Ποσειδῶνος πικρά.
ΘΗ. ὡς μήποτ' ἐλθεῖν ὤφελ' εἰς τοὐμὸν στόμα.
ΙΠ. τί δ'; ἔκτανές τἄν μ', ὡς τότ' ἦσθ' ὠργισμένος.
ΘΗ. δόξης γὰρ ἦμεν πρὸς θεῶν ἐσφαλμένοι.
ΙΠ. φεῦ·
εἴθ' ἦν ἀραῖον δαίμοσιν βροτῶν γένος.
ΑΡ. ἔασον· οὐ γὰρ οὐδὲ γῆς ὑπὸ ζόφον
θεᾶς ἄτιμοι Κύπριδος ἐκ προθυμίας

1396. *οὐ θέμις.* Cf. Ovid *Metamorph.* 2, 621.

1402. *τιμῆς ἐμέμφθη.* Because of honour (unpaid to her), cf. *Hec.* 962, *εἴ τι μέμφει τῆς ἐμῆς ἀπουσίας.*

1403. *τρεῖς ὄντας.* Monk reads *τρεῖς ὄντας ἡμᾶς ὤλεσεν κύπρις μία,* and says that *ᾔσθημαι* "frigidum est et e margine irrepsisse in textum videtur." Mr. Paley reads *τρεῖς ὄντας ἡμᾶς ὤλεσ' ᾔσθημαι, μία.* and says that *κύπρις* is a gloss. Valck and Dindorf have the same reading.

1405. *ᾤμωξα.* Cf. 614, note.

1415. *ἀραῖος.* Cf. Eur. *Iph. Taur.* 778, *Medea* 608, Æsch. *Agam.* 228, would that the race of mortals could (by curses) bring mischief on the gods.

1416. For *οὐδὲ* immediately following *οὐ*, cf. Soph. *Tr.* 280, *ὕβριν γὰρ οὐ στέργουσιν οὐδὲ δαίμονες.*

ὀργαὶ κατασκήψουσιν εἰς τὸ σὸν δέμας
[σῆς εὐσεβείας κἀγαθῆς φρενὸς χάριν].
ἐγὼ γὰρ αὐτῆς ἄλλον ἐξ ἐμῆς χερὸς
ὃς ἂν μάλιστα φίλτατος κυρῇ βροτῶν
τόξοις ἀφύκτοις τοῖσδε τιμωρήσομαι.
σοὶ δ', ὦ ταλαίπωρ', ἀντὶ τῶνδε τῶν κακῶν
τιμὰς μεγίστας ἐν πόλει Τροιζηνίᾳ
δώσω· κόραι γὰρ ἄζυγες γάμων πάρος
κόμας κεροῦνταί σοι, δι' αἰῶνος μακροῦ
πένθη μέγιστα δακρύων καρπουμένῳ.
ἀεὶ δὲ μουσοποιὸς εἰς σὲ παρθένων
ἔσται μέριμνα, κοὐκ ἀνώνυμος πεσὼν
ἔρως ὁ Φαίδρας εἰς σὲ σιγηθήσεται.
σὺ δ', ὦ γεραιοῦ τέκνον Αἰγέως, λαβὲ
σὸν παῖδ' ἐν ἀγκάλαισι καὶ προσέλκυσαι·
ἄκων γὰρ ὤλεσάς νιν· ἀνθρώποισι δὲ
θεῶν διδόντων εἰκὸς ἐξαμαρτάνειν.
καὶ σοὶ παραινῶ πατέρα μὴ στυγεῖν σέθεν,
Ἱππόλυτ'· ἔχεις γὰρ μοῖραν ᾗ διεφθάρης.
καὶ χαῖρ'· ἐμοὶ γὰρ οὐ θέμις φθιτοὺς ὁρᾶν
οὐδ' ὄμμα χραίνειν θανασίμοισιν ἐκπνοαῖς·
ὁρῶ δέ σ' ἤδη τοῦδε πλησίον κακοῦ.

ΙΠ. χαίρουσα καὶ σὺ στεῖχε, παρθέν' ὀλβία·
μακρὰν δὲ λείποις ῥᾳδίως ὁμιλίαν.
λύω δὲ νεῖκος πατρὶ χρῃζούσης σέθεν·

1417. *ἄτιμοι* = unpunished, without requital: cf. Æsch. *Agam.* 1250 (Paley), *οὐ μὴν ἄτιμοί γ᾽ ἐκ θεῶν τεθνήξομεν.*

1425. Maidens were to mourn the loss of the chaste Hippolytus.

1439. *τοῦδε κακοῦ* refers to *θανάτου* contained in *θανασίμοισιν.*

1441. *λείποις.* A slight reproach to Artemis. "You find it an easy matter to break off our long intercourse. So Monk, and Mr. Paley.

— Another reading is *λείποις*, *i.e.*, may you find this snapping of our old intercourse easy to bear.

καὶ γὰρ πάροιθε σοῖς ἐπειθόμην λόγοις.
αἰαῖ, κατ' ὄσσων κιγχάνει μ' ἤδη σκότος·
λαβοῦ, πάτερ, μου καὶ κατόρθωσον δέμας.
ΘΗ. ὤμοι, τέκνον, τί δρᾷς με τὸν δυσδαίμονα;
ΙΠ. ὄλωλα καὶ δή νερτέρων ὁρῶ πύλας.
ΘΗ. ἦ τὴν ἐμὴν ἄναγνον ἐκλιπὼν φρένα;
ΙΠ. οὐ δῆτ', ἐπεί σε τοῦδ' ἐλευθερῶ φόνου.
ΘΗ. τί φῄς; ἀφίης αἵματός μ' ἐλεύθερον;
ΙΠ. τὴν τοξόδαμνον Ἄρτεμιν μαρτύρομαι.
ΘΗ. ὦ φίλταθ', ὡς γενναῖος ἐκφαίνει πατρί.
ΙΠ. ὦ χαῖρε καὶ σύ, χαῖρε πολλά μοι, πάτερ.
ΘΗ. ὤμοι φρενὸς σῆς εὐσεβοῦς τε κἀγαθῆς.
ΙΠ. τοιῶνδε παίδων γνησίων εὔχου τυχεῖν.
ΘΗ. μή νυν προδῷς με, τέκνον, ἀλλὰ καρτέρει.
ΙΠ. κεκαρτέρηται τἄμ'· ὄλωλα γάρ, πάτερ·
κρύψον δέ μου πρόσωπον ὡς τάχος πέπλοις.
ΘΗ. ὦ κλείν' Ἀθηνῶν Παλλάδος θ' ὁρίσματα,
οἵου στερήσεσθ' ἀνδρός. ὦ τλήμων ἐγώ·
ὡς πολλά, Κύπρι, σῶν κακῶν μεμνήσομαι.
ΧΟ. κοινὸν τόδ' ἄχος πᾶσι πολίταις
ἦλθεν ἀέλπτως.
πολλῶν δακρύων ἔσται πίτυλος·

1443. *καὶ γὰρ πάροιθε.* This is not the first time I have obeyed your behests.

1449. *οὐ δῆτα* refers to *ἄναγνον* only; *ἀναγ* here almost like the modern "unconfessed," "with the guilt upon it."

1456. *καρτέρει...κεκαρτέρηται τἄμ'.* "Patience."—"My patience-days are done."

1458. *κρύψον πρόσωπον.* There was a general instinct among the Greeks and Romans to veil their features at the point of death. Cf. Latin "obvoluto capite."

1460. Notice *στερήσεσθε* used *passively*, cf. Thuc. 3, 2.

1464. *πίτυλος* (lit.) the regular sound of oars. Here the splashing or dropping of tears. Cf. Eur. *Alcest.* 798, where it represents the sound of wine dropping into a cup.

τῶν γὰρ μεγάλων ἀξιοπενθεῖς
φῆμαι μᾶλλον κατέχουσιν.

1466. κατέχουσιν = "are prevalent," cf. Thuc. 3, 89, τῶν σεισμῶν κατεχόντων; 1, 10, ὡς ὁ λόγος κατέχει, as the prevalent story runs.

Lightning Source UK Ltd.
Milton Keynes UK
UKOW041545010312

188186UK00008B/48/P